私の修業時代 ③

上廣倫理財団 編

弘文堂

刊行にあたって

本シリーズも第三巻目を迎えた。前二巻同様に実に多様な分野で活躍をしているリーダーたちに、実に率直に若き日の修業時代を語っていただいている。そして、性別や立場の異なる執筆者に共通しているのは、修業が自分を形成したということと、修業は人生の一定の時期で終わるものではないという認識である。中には、修業という認識はなく、その分野が求める知識の探究や芸術的な営みに没頭してきただけだという人もいる。だが、認識する、しないは別にして人は、工夫と努力を積み重ねて初めて、その職業や専門が求める深さや高みに達することができるということは間違いのない事実であるように思える。

本書の企画の出発点は、英国のストラットフォード・アポン・エーボンの今は博物館となっているウイリアム・シェークスピアが通っていた学校の見学であった。九歳のウイリアム少年が座ったとされる木製の長椅子に実際に座っているうちに、彼の少年時代を想像し、一つの疑問が生まれてきた。彼は、最初から、あの世界の文芸史に残る偉大な戯曲家になることを想像していたのであろうか、と。もちろん、そんなことはあり得ないと思った。そして、人が大きな成長を遂げる過程について、「修業」という概念から捉えてみようという考えが私たちを突き動かし始めた。

演劇においては、「役」ということが重要なファクターになってくる。歌舞伎や能楽のような日本の伝統芸能でも、西欧の芝居でも、誰がどのような役を担うかはいつも大きな関心を呼ぶ。日本の歴史家の尾藤正英は徳川時代の日本を「役の社会」と呼んだ。「役人」、「役者」というように、日本社会は、現代においても役割によって成り立っているとも言える。

役が人を作ると言われる。中央官庁の事務次官にせよ、外交官の大使であれ、大学の学長にせよ、人は皆、役に就くと、新たな修業が始まるようである。第三巻では、中央官庁の事務次官経験者、大学の学長、法人の理事長や経営者、能楽師、研究機関の責任者などが寄稿している。原稿を読むと、それぞれの執筆者が、人生において、何らかの役と呼ばれる立場についてから、目覚ましい成長を遂げていることがわかる。

役には、本来その役が求められる型がある。「守破離」と呼ばれるように、まずは、その役割が備えている型を身につけることが求められる。まさに、型通りといわれる営みである。伝統芸能の世界では「稽古」という言葉が修業の日常的な表現とされている。「稽古」の初出は道元が開いた永平寺で賄《まかない》の僧侶の心得「典座教訓」だという説もある。決められた型をなぞっていくということのようである。この「稽古」という教育哲学は、やがて、道元の曹洞宗の奈良の寺の檀家であった世阿弥にも伝わり、利休が開いた茶道にも伝播していく。現代でも、伝統芸能の世界では「稽古」ということが修業の代名詞となっている。だが、次第に、その役を担う人の個性や哲学が表出し始める。歌舞伎で言えば、同じ「勧進帳」の弁慶であっても、演じる役者によって、その趣は当然違ってくる。

ニーチェは、人生を「ラクダ」、「獅子」そして「赤子の時代」と三つに区分した。型通りの時代はラクダの時代であり、役を演じる主体が自らの個性や思想を表出しようとする時代は「獅子の時代」であり、最後に、自我を乗り越えて融通無碍の心境に至るのが「赤子の時代」と言えるのではないだろうか。このシリーズの二四名の寄稿者の人生を改めて振り返ると、各人がこうしたプロセスを経て、自己実現を成し遂げているように思える。

現代の若者には強烈な自我が乏しいと言われて久しい。自分とは何か、自分の人生はどうあるべきか、そうした、今では死語になった「志」を立てるためには、先人の生き様に対する憧憬や尊敬がどうしても必要である。日本人にとって、徳川家康という歴史上の人物は、山岡壮八、司馬遼太郎、山本七平らの作品を通して、多くの読者に「修業」のイメージを与えてきた。幼少期に人質として今川家に留め置かれた日々は、まさに、後の彼の個性となった忍耐を培う絶好の修業の機会となった。一九八〇年代に臨教審が「逆境の教育力」という言葉を生み出した。まさに、生きる力を身につけるためには、厳しい人生経験が不可欠という考え方で、教育の中でそのような擬似的な体験を盛り込もうと試みたのである。

青年期に、自分の将来のあり方について尊敬できる先人から学べることは幸いである。時代を超えて、人にはイメージが大切である。自分がどのような人間になるのか、どのような職業を選択するのかを決める際に、ロールモデルに出会えれば幸いである。このシリーズは、多様な分野で活躍をしてきたリーダーたちの創造性と意志力、そして、その背後にある汗と涙の努力の過程を世の若い人々に示すことを目指した。

六代目尾上菊五郎は稀代の名優と言われた。彼の辞世の句は、次のようなものであった。

まだ足らぬ踊りおどりてあの世まで

歌舞伎の世界では踊りの稽古は不可欠であり、その修業に終わりはないという心境を残したものである。近々、建て替えられる国立劇場の正面ロビーには平櫛田中作の六代目菊五郎の「鏡獅子」が陳列されている。この作品は「修業」の象徴としていつも観るものに感銘を与え続けている。本書のシリーズが多くの読者の人生の羅針盤としての働きを持つことができれば、幸いである。

二〇二三年一月

公益財団法人　上廣倫理財団

目次

「私の修業時代」シリーズは、本来、講演録を掲載するものですが、コロナ禍により第三巻は全て原稿掲載としました。千葉聡氏、佐藤禎一氏、雨宮孝子氏は自筆原稿、宮田亮平氏、羽入佐和子氏、佐々江賢一郎氏、小林哲也氏の四名の原稿はジャーナリスト吉井妙子氏が、片山九郎右衛門氏の原稿は能楽評論家金子直樹氏が取材をもとに構成しました。

人に喜んでもらえ自分も楽しい仕事をしたい

宮田亮平
みやた・りょうへい
一九四五年生まれ。
金工作家。
東京藝術大学名誉教授・元学長。
前文化庁長官。

「私の修業時代」というテーマをいただきましたが、正直に言うと私はこれまで「修業」という概念を持ったことがないんですよ。金属工芸の作品を創るときはいつも、ときめいているし、見ていただく人にも、私の作品に接することによってときめく心を呼び起こしたいと願いながら、金槌で金属をコンコン叩いています。自分の作品が評価されるまで、何かに必死に耐えた、という記憶がないんです。

藝大学長、文化庁長官時代に取り組んだこと

私は鍛金を専門とする工芸作家。ですが思いがけず、六〇歳から七〇歳まで東京藝術大学の学長をやらせていただき、二〇一六年からは文化庁長官を務めました。その間、修業ではないけれど、「努力」したことはありますね。それは、周りと同じ目線でいることです。組織のトップに就くと、否が応でも周りの対応が変わる。文化庁長官になったばかりの頃、私が廊下を歩くと、職員の方々が廊下の隅に寄りましたから。そういう周りの態度に染まってしまうと、どうしても視界が狭まってしまうじゃないですか。それに、そういう役職に就かなくても、年齢を重ねるとどうしても上から目線で見がちになる。上から目線にならないよう、そこだけは努力して気を付けるようにしていました。

藝大の学長になってすぐ、黒塗りの公用車を廃止したんです。国立大学の学長は運転手付きの公用車が用意されていて、それが当たり前だった。僕の前任者は平山郁夫画伯。平山先生が黒塗りの車で構内に入るのを見て「カッコいいな」と思っていたのですが、そのシーンを平山先生の顔に宮田亮平を当て嵌めてみた。すると、どう考えても似合わん。そこで黒塗りの公用車を辞め、オープンカーにした。オープンカーとは自転車です。

僕が学長になった前年の二〇〇四年に国立大学の法人化が施行された。経費節減策を考えていた時に、一番先に思いついたのが学長の公用車の廃止でした。ちょうどうまい具合に運転手さんが定年で退職するというのでタイミングが良かった。

公用車を廃止すると運転手さんの給料、車の維持費、車庫代、その他の管理費などを考えると、その費用で若手の助手を数人ほど雇用できる。車庫は改造して研究室にしました。総務課などからは反対されましたよ、そういう前例を作られては困る、って。でも「オレには似合わない。経費削減だ」と言い張ったら「分かりました。しかし、車を運転しないでください」って。実は僕の車好きを心配していたのかも。

自転車は学生たちがプレゼントしてくれました。僕が学長になった時、学生たちが池袋の水族館で就任パーティを開いてくれたんです。水族館を選んだのは、僕のイルカの作品にちなんでだと思う。しゃれてるよね。嬉しくて、自転車に乗って水族館内を走り回ってしまいました。

ある時、デザイナーのコシノジュンコ*さんと学内で会談する予定があり、僕が自転車で構内に入る姿を見たコシノさんは、仰天していました。そして「飾らなくていいわね、宮田さん」って。以来、コシノさんとは親交を深めています。

自転車で色々な所に行くようになってから、上野の街の人たちとも随分顔見知りました。

＊**コシノジュンコ**（1939年生まれ）
こしの・じゅんこ　ファッションデザイナー。文化功労者。

僕の姿を見て「やあ、学長」とか「先生、相談があるんですけど」と、気軽に声をかけてくれるようになった。すると、商店街の人たちとイベントを企画したり、大学と街が協業できるようになったりと、キャンパスのフィールドがかなり広がったような気がします。

何が言いたいかというと、どんな立場になっても上から目線になってはいけないということ、素晴らしい人たちに出会え、自分にないものをそんな人たちから与えていただけるということ。自分が一人で学べることなんて、たかが知れている。だから、自分にないものを持っている素晴らしい人たちにどれだけ出会えるかが、人生の豊かさに繋がってくるんじゃないかな。

僕は人を楽しませたい、ワクワクさせたいという一心で、作品つくりや教官をやってきましたけれど、藝大学長、文化庁長官時代に取り組んだ二〇二〇東京オリンピック・パラリンピックは試練でもありましたね。

当初発表した五輪エンブレムに問題が生じ、新エンブレムを急遽作成する必要に迫られ、組織委員会から作成委員会の座長に命じられました。僕は大学でも「象牙の塔」から脱皮し、大学運営をオープン化する組織改革を実行してきたので、エンブレム委員会でも審査過程をオープンにしました。一万五〇〇〇点集まった候補デザインを絞られるまでの過程を、審査会場にカメラを入れ誰もが見られるようにしたのです。

また五輪マスコット、五輪メダルのデザインを審査する委員会の座長もやりました。マスコットは子供たちに選んでもらいたい。そして、全国の小学校の学級単位による投票にしたんです。全国から約二〇万学級が参加してくれましたよ。

メダルの審査には、やはり工芸作家の血が騒ぎましたね。出来上がった試作品を見ると、質感がちょっと違うなと思った。特に銀と銅のメダルの出来に納得いかなかった。古びたいぶし銀のようにした方が立体感は出るので、銀と銅の表面を黒く硫化させて重曹で磨いてもらった。するとへこんだ部分は黒く残り、出っ張ったところに鮮やかな銀、ピンク色の銅が現れました。

たまたま造幣局の職員に教え子がいたのでやり取りを重ね、彼には苦労させたけれど、内外の選手からは金・銀・銅どれも美しいと評判が良かった。ほっとしました。

また、この時期はコロナ禍の対応にも神経を使いましたね。あらゆる文化イベントが中止、あるいは規模の縮小を余儀なくされ、文化芸術が「不要不急」とみなされた。「自粛」を呼びかけざるを得なかったのは、長官として本当に断腸の思いだった。

その一方で、フリーランスで活動するアーティストを援助するため、「文化芸術活動の継続支援事業」の予算を五〇〇億円ほど獲得。ただ、日本の芸術家は公的な助成金を申請する仕組みに不慣れなため、職員と喧々諤々やりながら申請しやすいような仕組みを考案しました。

文化庁の職員は本当によく働く。だから彼らにはよく「鼻歌交じりの命がけ」と声をかけていましたね。仕事熱心なのはいいけれど、時にはふっと息を抜くことも大切だよと、エールのつもりでした。仕事で最高の結果を出すにしても、そのプロセスはリラックスして楽しめよ、ということです。

佐渡の蝋型鋳金の家系に生まれて

失礼、テーマは「私の修業時代」でしたね。先ほども言いましたが、私が努力したのは「上から目線にならない」ことぐらいでしたけれど、工芸作家としての「修業」は、蝋型鋳金という技を持つ佐渡の宮田家に生まれたことですかね。でも、家業だから当たり前の家族の風景だったんです。それでも家族の雰囲気や環境が、工芸作家としての僕の素養を育んでくれたのは間違いありません。

実は我が家族は、祖父から私の娘を含め、四代で九人が東京藝大出身なんです。

新潟県佐渡出身の祖父、初代・宮田藍堂*は東京美術学校（現・藝大）に招聘され、皇居外苑に立つ楠木正成の銅像制作などに携わり、佐渡に戻ってからは国内外の博覧会などに

＊初代・宮田藍堂（1856-1919年）

みやた・らんどう　本間琢斎に蝋型鋳金の技術をまなび、東京で岡崎雪声に師事。本名は伝平。

出展していたそうです。

私の父である二代目宮田藍堂は、祖父が早くに亡くなったため、藝大に進学することはできなかったけれど、家業の蝋型鋳金を引き継ぎました。

私は七人兄弟の末っ子。兄二人、姉四人です。全員が芸術関係の仕事に携わりました。長女は書家。二〇歳上の長兄は、藝大（当時は東京美術学校）に飛び級で進学するほど優秀で、藝大で教鞭をとっていましたが、三代目藍堂を引き継ぎました。

次男の修平は藝大を出て工業デザイナーになり、その後三重大学の教授に。次女の睦子は舞台美術家。三女のやす子は染色家、四女のとも子は油絵を専攻。こういう兄や姉に囲まれ、僕は子供の頃からいやというほどコンプレックスを植え付けられました。

周りの人たちからはいつも「お姉さんたちは上手《うま》いのに」とか「お兄さんは出来るのに」と何をやるにしても兄や姉に比べられた。だから僕は、絶対に芸術の道には進まない、と決めていましたね。でも母だけは、そんな僕の味方になってくれた。

我が家は朝起きると、家族そろって布団を挙げ、掃除をし、それが終わると並んで習字をするのが習わし。せっかちな僕は字も乱暴だったけれど母は決して叱らなかったし、時に少しマシな字を書くと「良い字が書けたのう」と褒めてくれた。子供心に、母の言葉は嬉しかったし、自信にもなりました。

五歳になった時、父と母の前に座らされて、目の前に白扇と算盤をおかれた。習い事をさせる時期と考えたんでしょうね。白扇は文化、そろばんは経済を意味していた。僕は迷わず白扇を選びました。するとすぐに能のお師匠さんのところに連れていかれ、小学一年生で能の初舞台を踏みました。羽織袴で能を舞って、拍手いっぱいいただいたことを今でも鮮明に覚えています。人を喜ばす快感を覚えた瞬間でもありました。

僕は酔っぱらうと踊る癖があるんですよ。子供の頃に能を習っていたことをある新聞の連載で書いたら、それを読んだ教員仲間に、「酔っぱらってもお前の踊りの仕草が様《さま》になっていると思っていたら、そういうことだったんだな」と言われましたね。やはり子供の時に身に付けた仕草は、幾つになっても体が覚えているんですね。

家の環境もそう。環境が僕を育んでくれた。僕は毎日、父が金属を叩く音で目を覚ましていました。母屋と父の仕事場は中庭を挟んで離れていたけれど、家の中にはいつも金気《かなけ》の匂いが立ち込めていましたね。

父の技法である蝋型鋳金は、松脂と蜜蠟で作った原型に土を付けて焼き、蠟が溶けてできた空洞に金属を流し込んで作る工芸手法。父の仕事を手伝ったことはないけれど、父の仕事を眺めるのが大好きだった。飽きずにずっと父の手先を見つめていましたね。

空洞に金属を流し込む作業は「吹き」とい言いますが、吹きの日は家中がピリピリするんです。失敗するとそれまでの過程がすべておじゃんになってしまうし、何せその作品に一家の生活費もかかっていますからね。

子供心に、家中のピリリとした空気を感じると、今日は「吹きの日」だなって分かるんです。誰も言葉を発しなくなるし、お客や近所の人たちが訪ねてきても、空気を察しそそくさと退散する。

上手くいった時は父も母も上機嫌。食卓にもいつもと違うおかずが並ぶ。父は本当に真剣勝負だったと思う。お弟子さんを抱え彼らの面倒を見なきゃならないし、子供たちの学費や生活費も捻出しなければならない。慣れたものを作っていれば失敗は減るけれど、安定したものを作っていれば技術が退化する。しかし挑戦すれば失敗するリスクも高く、稼げないことでもある。そのギリギリの狭間で父はやっていたんだと思いますね。

藝大で教えていた長兄が夏休みに帰省すると、また家の中がピリピリするんです。父と長兄は親子でありながら、芸術家としてのライバル心が剥き出しだった。お互いに秋の日展*に出品する作品作りに取り掛かっているので、火花を散らしている感じだった。二人が工房に閉じこもると、父の作業を見るのが好きな僕でもとても近寄れなかったなあ。

母は生活のやりくりがとても大変だったと思います。終戦のころは金属がなかなか手に入らず、父の材料費がとても高くついただろうし、母は家計費の捻出に苦労していたと思

＊日展

官展の流れを汲む日本最大の総合美術展覧会。正式名称は日本美術展覧会。1907年から毎年11月に開催。

いますね。僕は子供心に、タンスの中から母のいい着物が少しずつなくなっていくのが分かっていました。大きな籠に着物を入れ出かけると、重そうな荷物を抱えて戻る。お米でした。農家に行ってお米に変えてもらっていたんでしょう。でも母は、そのことについて愚痴一つ言わなかった。

むしろ、足りないものは工夫して補うという姿勢でした。着物は上下に裁って色違いを作って縫い合わせ、それを羽織で調整する。今でいうコーディネイトです。また菓子箱などの固い紙を帯の幅に折り、それを風呂敷で包んで帯にする。近所の人たちには「いったい何本帯をお持ちなのでしょう」なんて言われていましたよ。

母の色彩感覚の豊かさは長兄が似たけれど、工夫の楽しみ方は僕が譲ってもらったかな。今でも作品をああでもないこうでもないと思い巡らせている時が一番楽しい。生みの苦しみと言いますけれど、夢を形にできる工夫はとてもワクワクする。そういう工夫の楽しみ方を母から教えてもらいましたね。

また、人が大好きな僕の性格は、母譲りかもしれません。とにかく我が家はお客様に父の作品を買っていただいて生活が成り立っているので、母はどんな人であれ「人さまは……」と他人には必ず「さま」とつけていました。人が財産であることを教えてもらったし、人さまに対するお返しとして作品を作るという考えを導いてもらったかな。

兄や姉に比べられ、ずっと嫌な思いをしてきた僕は、兄弟とは絶対に違う道に進むと決め、ヘアデザイナーか獣医、あるいはカーデザイナーになろうと。当時、波打つパーマはカッコよく、女優の髪をより素敵にデザインしたいと考えていたのと、同じ頃「ケンとメリー」のスカイラインがブームになっていて、僕も同じように夢のある車をデザインしてみたいなんて夢を馳せていましたね。また、獣医を目指したのは、家には動物や鳥がたくさんいて、ちょっとした怪我なら僕が手当てをすることができたから。

いずれにしろこの頃から、人や動物に関係なく、相手に喜んでもらえる仕事をやりたいと漠然と考えていたような気がします。

藝大を目指す

僕が結局、父や兄、姉たちと同じ道に進むことになったのは、家の環境もさることながら、佐渡という風土の中で四季の移ろいの変化を五感で感じ、自然の美しさに常にときめいていたことも大きい。佐渡の自然が僕の感性を磨いてくれたんです。

佐渡は一年の半分が耐える、もう半分は爆発するという風に、季節が大きく二つに分かれるんです。半分は晴れる日がなくて、もう半分は能天気に明るい。

冬の寒さはとても厳しく、太陽がのぞく日はほとんどない。海は怒ったように荒れている中、人々はじっと耐えて春を待つんです。

しかし夏になると一転。太陽は陽気なまでに射し、夕凪になると海面が油を流したように静止する。その地平線に太陽がググッと沈んでいくと、点在する島は逆光になって影を描き、船はスーッとミズスマシのように通る。真っ赤な夕日を飲み込んだ海辺で僕らは暗くなるまで遊んだ。

美しいな、すてきだな、と思う感情、あるいは寂しさや物悲しいという寂寥は、佐渡の風土の中で培ってもらった。芸術は難しいと思われるかもしれないが、「美」は日々の生活の中にあること、この頃に気がつきましたね。

小学校や中学の頃はヘアデザイナーか獣医師を目指していましたけれど、高一の頃に、それらを遣り切った先のイメージが出来てしまった。完成形が見えたんですよ。すると途端に面白みが消えた。

ずっと父や兄姉の姿を見てきて、芸術に完成形がないというか終着点がないのは理解していた。その一方、一生スタートラインに立っていられる仕事って面白いかもと思い始めた。ただ、僕はそれまで父の仕事を手伝ったこともなかったし、絵や字は下手と言われ続けコンプレックスの塊だったけれど、芸術を目指すならやはり東京藝大しかないと、無謀にも考えました。

高校時代の美術の成績は「並」。改めて、家にあった兄や姉の高校時代の絵やデッサンを見ると、唖然とするほど上手い。自分の今の実力では絶対に受からないと想定できたが、志望校は藝大一択でした。

父や母に進路についてとやかく言われたことはありません。人の礼儀に関してはうるさかったけれど、進路に関しては放任主義だったように思う。ただ、受験のため東京に旅立つ日、父は口に含んだ酒を僕の足元にプッと吹きかけ、見送ってくれた。「わらんじ酒」と言って、無事を祈る清めの儀式です。

今考えれば、子供たちが自分たちの元から旅立っていき、最後の末っ子も巣立つのは嬉しい反面、寂しさもあったに違いありません。しかし当時の僕は両親の気持ちを考える余裕もなく、受験のことで頭がいっぱいでした。

案の定、受験には失敗。当時目白に住んでいた長兄の家に居候し、芸術系の予備校に通いました。予備校代は兄が負担してくれ、姉たちは画材や製作費などを出してくれたりと、全面的にサポートしてくれた。そんなきょうだいたちのためにも、何が何でも藝大に入学しようと思ったものの、二年目も失敗。

浪人生活二年目は予備校に通うのを辞めました。費用はもったいないし、もっと違う勉強法があるのではないかと。兄の教え子の一人が、アトリエ付きの賃貸住宅を借りていたこともあって、彼が藝大に行っている間は、そこでデッサンを描かせてもらった。

夜になると、そこは藝大生のたまり場と化し、芸術談議に花が咲く。そんな彼らがカッコよく、藝大への憧れが益々募りましたね。

三度目の受験でやっと合格。およそ三〇倍の難関でした。

鍛金と出会う

藝大の工芸科には、ドサ周りと呼ばれる基礎課程があり、一学年六〇人が入学から二年間、専門を決めず三年になってから彫金、鍛金、鋳金、漆芸、陶芸、染織など分野を自由にめぐって勉強するんです。藝大では歴史ある金工をやらない手はないと考えていたが、カーデザイナーとして活躍していた次兄の影響もあり、工業デザイナーの道も念頭にありました。

まだ、専門を決めかねていた二年の秋、衝撃的な作品に出会ったんです。秋の日展で展示されていた、針金のような細さの四本足で立つカマキリの作品。長さ五〇センチほどの細い脚は、鋳金の技術で作れば簡単に折れてしまいます。なぜこんな作品が作れるのか、俄然興味が湧いた。

「高原の舞踏会」と命名されたその作品の制作者は、藝大で鍛金を教えている山下恒雄先生*だった。鍛金ならではの繊細な技法に感動し、翌年、僕は迷うことなく、山下先生の研究室に入りました。

山下先生にカマキリの足の技法について聞くと、鉄の板を熱くして叩き、薄く延ばしてカーブさせ、中を空洞のパイプにして溶接したという。パイプ状にしたことで鉄の強度が増したのだ。

ちなみに金属を鍛えると書く鍛金は、金属板を当て金に当てて叩いて絞り、自分のイメージ通りの作品にする。冷たい金属は叩くと温かく変化するんですよ。叩くことで金属は伸びようとする。平らな板をなまして叩いて、なまして叩いて、もう伸びる場所がないとピーンと張った感じになる。それで鍛金の緊張した独特のフォルムが出来上がるんです。

金属には熱伝導がある。熱伝導がいいということは、直接触ることで、自分の熱、心が伝わることでもある。だから僕の作品には「触っていただいても結構ですよ」というものも有る。そうすると触る人の温かさが、作品にも伝わるんです。

私が学生時代には、研究室に「無給副手」という先輩がたくさんたむろしていた。卒業後も研究室に在籍していて、昼間は学生たちの面倒を見つつ、夜間に自分の作品をつくる。卒業したばかりの人は自分の工房を持つのは困難。昼は学生の面倒を見るかわりに、大学

＊山下恒雄（1924-1998年）

やました・つねお　学校卒業後しばらくカーデザイナーをしていた後に藝大の教員になった。

の工房を使わせてもらうという算段です。

しかしこの環境は、僕ら学生にはとても刺激的だった。秋の日展前には、教授から助手まで一斉に作品に取り掛かる。締め切り間際はまさに戦場です。僕ら学生も奔走しながら最後の仕上げを手伝い、出来上がったばかりの作品をリヤカーに乗せ、大学近くの東京都美術館まで運んだ。何往復もしましたね。

修業時代というなら、正しくこの頃だったのかもしれません。何せ、教授から工芸作家の卵まで多くの作家さんたちが、試行錯誤する姿を目の当たりにし、一つの作品に仕上げるまでの過程をつぶさに見ることができましたから。むちゃくちゃ刺激された時期ですね。

僕が作品を始めて出品したのは、大学院生の時。この頃は七〇年安保の学生運動が盛んな時で、政治や芸術論を朝まで酒を飲みながら議論していた。芸術家は社会の問題にちゃんと答えていかなければならないという思いもありました。

形を崩すことで新しいものが生まれる。ちょうどその頃、日本に入ってきたアメリカのモダンアートに衝撃を受けたんです。赤と黒だけに塗りつぶされた大型キャンバスを見たとき、「なんだ、これは！」とショックを受けた。「これがモダンアートか。アメリカって凄いな」って。

その頃、抽象画家の祖と言われるワシリー・カンディンスキー*の作品にも心を奪われて

＊カンディンスキー（1866-1944年）

Wassily Kandinsky　ロシア出身の画家、美術理論家。抽象絵画の創始者とされる。

いましたね。モダンアートや抽象画に接するたびに、「今まで僕は何をしていたんだろう、美しさって何だろう」と自問自答。

そんな作品を見せつけられると、なんて日本は古臭いことをやっているんだ、という思いがフツフツ湧いてきた。過去の伝統的なものへの排訴運動も高まっていた時期で、当然、僕の中に伝統工芸の家に育ったことに対するアンチ精神も芽生える。「父や兄とは違うことをやろう。二人ができなかったことをやる」と。若かったですねえ。

そんな時に作成したのが「虚からのゼロ」。初めて出展したこの作品は、「日本現代工芸美術展」大賞、読売新聞社賞、日本テレビ賞を受賞しました。ただこの作品の素材は金属だけではなくガラス。学生運動やモダンアートの影響もあり、広島の原爆記念館にある溶けたビンなどをヒントにしたんです。大学に転がっている空の一升瓶を何本も溶かしては失敗し、最後は一升瓶がなくなってしまい、買ってきた一升瓶を飲み干してから作った記憶がありますね。

当時はずっと抽象作品を作り続けていました。コロンとしたフォルムの「ゲルシリーズ」もそう。三〇歳ぐらいの時だったかな、蓮の葉に露がコロンと転がっていたんです。水が育むその自然の美しさに「これだ！」とときめいた。社会派から自然派に変わった瞬間ですね。

ゲルシリーズのプルンとした有機的なフォルムは、金属をなまして叩くプロセスを何万回と繰り返して作るんです。とにかくアホみたいに叩く。最初は熱で真っ赤になった金属をでかい金槌でガンガン叩き、大体の造形が出来てくると、今度は細かく繊細に叩き続ける。すると金属の表面が、まりも羊羹のようにプリッと盛り上がった状態になるんです。

このゲルシリーズで一九七九年に現代工芸美術展で文部大臣賞、一九八一年には日展で特選をいただきました。

この頃は、大学院を卒業し、非常勤講師をしていました。妻の稼ぎに頼らざるを得ないほど薄給だったけれど、学生たちに教える面白さを知った時期でもありますね。

人間はなかなか自分の成長は実感できない。でも、学生たちに金工の技をやって見せたり、少し助言をしただけで、みるみる腕を上げ、精神的にも逞しくなっていくのがはっきりと分かるんです。藝大の給料だけでは、双子の娘がいる家族を支えられないので、美大専門の予備校でも講師をしていたのですが、学生たちの成長がこんなにワクワクするものだとは、思いもしませんでしたね。

今でもそうですが、教え子が自分を超えていく姿を見るのは何より嬉しい。もちろんジエラシーは感じるけれど、その姿に自分も刺激されるし、人の成長に立ち会えるのは最高の喜びです。

ただこの頃、ゲルシリーズで評価はされていましたが、なんか違うという思いも湧き上がってきた。新作に取り掛かっても、過去の作品の焼き直しのような思いが拭いきれなくなってしまったんです。それまで抽象的な作品ばかり制作してきたので、ちょっとばかり飽きてきた。もうこれ以上作っても、その先に答えはないなと感じ、作品作りがどんどんつまらなくなってしまった。

今日と同じ明日になったら楽ではあるけれど、それでは面白くないし僕が大事にしてきた「ときめき」も消えかかっていた。今考えれば、スランプだったのかもしれません。

ドイツに留学、日本を見直す

そんな時、担当教授から「海外に行ってみないか」と打診を受けた。文部省（当時）の在外研修員制度で行先はドイツ。ドイツのマイスター制度にもともと興味があったし、留学先のハンブルグにも関心があった。ハンブルグはアールヌーボーをいち早く取り入れた街でもあるんです。僕の留学先はそこの工芸美術博物館だった。

ただ、行きたいと思ったものの、ドイツ語は「イッヒ・リーベ・ディッヒ」ぐらいしか知らない。留学まで半年、必死に勉強しましたね。寝ている時もドイツ語のカセットをかけていた。

その甲斐あってか、初めてのドイツなのに、デュッセルドルフからハンブルグまで五〇〇キロの道を、地図だけを頼りに車で行ったんです。今は絶対にできないけど、必死になると火事場のバカ力は出るんですね。

このドイツ時代の一年間は、僕の人生のターニングポイントと言っていいくらい大きな刺激を受けたし、芸術に対する考え方も変わりましたね。

ハンブルグ工芸美術博物館では、その博物館が所有している浮世絵や刀の鍔など、日本の金属の美術品の補修の仕事をさせてもらった。錆びている美術品には、大学で教えている金属加工の技術を使いました。

アルカリ性の液で鉄の錆びを中和させ、それから菜種油を塗って火であぶり、いい具合になったところで米ぬかで磨くと、赤さびが茶色のビロード地のようになって落ち着く。そして銅の仕上げには梅酢や大根おろしという食材を使った。

ドイツ人は論理にあわないものは認めないのですが、僕のやる工程を見て目を白黒させていましたね。「なぜ仕上げに、大根おろし?」と質問攻めにあいましたが、古くから伝承されている処方なので詳しくは知らない、というしかなかった。

すると、化学薬品で処理することに慣れている彼らは「日本人凄い!」と興奮した様子。

そんな彼らの表情を見ながら、日本人であることが誇らしくなった。今でも大学構内で、大根を買ってくる学生を見ると、「お、そろそろ仕上げにかかっているな」と思いますね。

ドイツに行って知ったことですが、日本の修復技術は本当にすごいと思う。今、修復の世界では、素晴らしい接着剤や化学薬品はいっぱいありますが、周りがダメになっても接着したところだけ残っては困る。一〇〇年経って周りが劣化してきたら、修復したところも一緒に経年劣化しないと、作品がおかしなものになってしまう。だから最近は、日本が伝統的に行ってきた修復技術がその理に叶っていると評価されているんです。

大根は綺麗になりますね。特に銅はピンク色になる。僕は実際やったことはありませんが、多分一〇円玉を大根のすりおろしに一〇分間ぐらいつけて置いたらとても綺麗になると思いますね。そしてその後に煮色という着色法を使えば、その素材が持つ美しさが引き出せるんです。

例えば、金属の表面をペンキやメッキなどで覆うのも一つの保護方法。でもそれだと厚化粧と同じで、笑うとパラパラ化粧が剥げてしまう。ところが全部素にして、自分の体の中から出てきた色にしておくと、経年劣化はあるけれど一〇〇年ぐらいは持つし、修理の段階になっても自然な形で修復できる。

留学先のハンブルグ工芸美術博物館で、僕は大学でいつもやっている金属の修理法を使って修復作業をしたら、学芸員たちは本当に驚いた様子だった。彼らに「日本人凄い」と言われ、日本で閉塞感を感じてドイツに来たはずなのに、自分が日本人であることがとても誇らしくなってきた。日本人であることのプライドを取り戻せましたね。

実は未だに、大根の成分がどのように金属に反応して綺麗になるのか詳しく分かっていないんです。梅酢や米ぬかなどもそう。そういう技術を室町時代だか江戸時代なのか分からないけれど、昔の人たちは発見しそれを現代まで継承させ続けていることは、やっぱり凄いことなんですよ。

江戸時代と言えば、佐渡金山でもかなり高い技術が使われていたことが分かります。例えば金メッキは、電気で表面に載せるのでいずれ剥げる。ところが金の色あげ法という技術があって、当然小判はその時々によって金の含有率が異なるのですが、佐渡の金山から出荷するときは純金の山吹色になっていた。

江戸時代に電気はないし金メッキ液なんてないわけだから、金に交じっている銀とか銅を除いていたことが分かります。金の色あげ法を江戸時代に編み出していたわけです。そして最後に塩で叩くと、見事な山吹色になるんですよ。今でもそうですが、鉱山で最後の仕上げまでしている国はおそらく日本ぐらいでしょう。多くは鉱山で掘ってきた鉱石は、違う個所に運んで仕上げていますからね。

話はちょっと逸れますが、佐渡金山がなかなかユネスコの世界遺産に登録されませんが、佐渡金山は単なる場所としての遺跡だけでなく、むしろ未だに用いられている金属の加工技術をふんだんに編み出した場所でもあるんです。そこを評価することが大事。ドイツで僕が日本人としての誇り、そして自信を取り戻したのは、金属加工技術だけではありませんでした。

根っからの人好きなので、片言のドイツ語しか話せなかったけれど、友達はすぐにできた。仕事終わりによく飲みに行きましたね。でも、金曜日の夜に誘われることはなかった。ドイツでは、他の国もそうかもしれませんが、金曜日の夜は大事な人と過ごすという習慣があるんです。家族でディナーに行ったり、大切な友人とゆっくり語り合ったり、コンサートに連れ立ったり……。だから金曜日の夜は寂しかったですねぇ。

しかしある時、副館長からなんと自宅に招かれたんです。リビングに金の屏風があり、本棚には日本に関する書物がズラリと並んでいた。もちろん、ドイツ語に翻訳されたものが多かったですが、日本の文字もあった。

食卓には漆のお椀、箸が並べられ、おかゆも用意されていた。

食事が終わると、彼が穏やかな口調でこう問いかけた。

「宮田、あなたはダザイをどう思う？」

えっ、太宰？ 一瞬、たじろぎ、そしてすぐに恥ずかしくなった。答えられなかったからです。太宰治*の作品は何作か読んではいたものの、太宰について語るのは日本人同士でも難しい。それなのに、ドイツ人の彼が太宰についてかなり知識を持っていることが分かりました。

僕らが憧れていたドイツの美術家が、日本をよく知り日本人のことを尊敬していた。灯台下暗しというけれど、外に出てみて初めて日本人の素晴らしさ、伝統工芸の奥深さや価値を思い知りましたね。育った家が家だけに、日本工芸の伝統技法というのは当たり前に感じていたから、ドイツ留学はそれを見直す大きな機会にもなりました。

それからですね、ちゃんと日本を語ろう、東洋を語ろうと思ったのは。西洋かぶれしていた自分から自由になれた。それまでもがき苦しみながら作っていたものがポロっと取れ、自分が楽しいものを作ればいいという気になれたんです。だから、抽象的な作品を作るのはもうやめにすることにしました。

イルカのモチーフが閃く

ただ、作品のテーマはまだ決めかねていた。ドイツ留学中に母が体調を崩したこともあ

＊太宰治（1909–1948年）

だざい・おさむ　私小説作家。本名は津島修治。

り、帰国直後、佐渡に帰省しました。自分の原点である佐渡をモチーフにした作品ができないか、という思いもあった。しかし、佐渡の文化は完璧でつけ入る隙が無い。自分にはまだ無理と打ちひしがれていたが、帰りのフェリーの中であることを突然思い出した。天から光が注いだように目の前がパっと明るくなった。アイディアが降りてきたのだ。

高校三年の受験時。佐渡から新潟港行きの船の中で、不安に陥っていた。現役合格ができないことは分かっていたけれど、海は荒れるし、身が凍えるように寒いし、佐渡が遠くなるにつれ、もう二度と帰ってこられないんじゃないかとたまらなく寂しかった。

甲板に出て、小さくなっていく金北山を眺めていると、スクリューの真っ白なしぶきの中、船に寄り添って進む黒い背中が見えた。何か分からなくて船員さんに聞くと「イルカだよ」って。イルカを見るのは初めてだった。それがビュンビュン跳ねてとてもカッコよかった。今考えれば、不安でたまらない僕を元気づけてくれたのかもしれない。後にも先にも、佐渡海峡でイルカを見たのはあの時だけ。

母の見舞いに行った帰りのフェリーで、突然その時の風景が蘇ってきたのだ。そしてその時、「イルカをモチーフにしよう」と閃いた。

僕の代表シリーズである『シュプリンゲン』はイルカをモチーフにしたもの。シュプリンゲンはドイツ語で飛翔という意味。

イルカは幾つも制作していますが、「あれしかやっていない」と言われればマンネリ、いい仕事を続けられれば「シリーズ」になるんです。私の作品の多くは国内外の美術館、公共施設などに飾られていますが、東京日本橋三越のエンブレム、東京駅の待ち合わせ場所「金の鈴」なども、イルカをモチーフに使った私の作品です。

ただイルカをどう表現するかはかなり悩みましたね。考えた挙句、目を入れないことにしました。実際のイルカは可愛い目をしているし、生き物を制作する場合は目がとても重要。そこを無くして大丈夫かという不安もあったけれど、だからこそ挑戦する意味がある。そして作品に温かみを持たせるには表情がない方がいいとも思った。見る人がそれぞれの喜怒哀楽に応じて対話できるようにするには、作品の表情は敢えて無にした方がいいと考えたんです。そう決断したら、一気に作れるようになりましたね。

ただ絶対に欠かせなかったのは躍動感。僕がイルカに勇気をもらったように、作品を見る人が勇気を得られるようにしたかった。ドイツ語のシュプリンゲン（飛翔）という言葉が大好きで、ドイツで日本の美を再発見したとき、僕は飛び跳ねるように生き生きした。だからイルカの作品のタイトルも「シュプリンゲン」にした。そう、イルカは僕なんです。

今は、国内外の文化施設、あるいは企業などから依頼を受けて、東京・神田明神の恵比須様など他の作品も多く作っています。でもやっぱり僕の原点はイルカ。ただ、よくよく考えれば、イルカそのものを作って喜んでいるわけじゃなくて、自分の躍動感とかときめきを表現したくて、それをイルカに投影させてきたと今になって思うんです。

そういえば、父の七回忌で佐渡に帰省した時、早めに東京に戻った双子の娘たちからこんなメールが来ましたね。

「フェリーからイルカが泳いでいるのが見えた。お父さんの言っていたことは嘘じゃなかったんだね」。

娘たちは長い間、佐渡海峡でイルカに出会ったという話は僕の作り話だと思っていたらしい（笑）。

教育の楽しみ

学生たちに指導するのは本当に楽しい。二〇〇五年に学長になるまでの三〇年間余り、作家と教員の二足のわらじを履いてきました。

作り上手は教え上手。教科書で教えるだけだったら年々古くなってしまうので、作り続ける姿を見せることが新しい教科書になると考えてきました。

僕は学生たちを指導している時、一〇個の自慢話より一個の失敗話、を心がけていましたね。自慢話には聞いているふりをするだけですが、失敗話は面白がってくれる。作品作りもそうです。目の前で失敗した姿を見せた方が、学生たちには絶対に伝わる。

だから僕は、学生たちと一緒に仕事をしてきました。作品作りに失敗した、でも提出期限は迫っている。追い込まれている様子とか、ああでもないこうでもないと悩み、どう失敗をごまかすかとうろたえている姿を学生たちは見ている。そしてその後、立ち直る姿も。それは彼ら自身、同じ場面に直面したときに確実にいい教科書になるはずなんです。

何度も言いますが、学生が自分を超えていく姿を見るのは、教員冥利に尽きます。もちろん、凄いなと単純にジェラシーが湧くんだけれど、それ以上にいい作品に出会えるのは、作家としてもドキドキする。いい作品を作ってくれてありがとう、という気分になる。

僕はとにかく学生たちとワイガヤと作品作りをするのが楽しかった。二〇〇一年に美術部学部長になった時、妻にこういわれたんです。

「あなたは大学の仕事で一番好きなのは学生さんたちと一緒にいることでしょ。学部長になったら、その大好きな学生さんたちと会えなくなるのよ。それでいいの？」。

確かに学生たちと触れ合う時間は少なくなるけれど、研究室があるので学生たちが来ようと思えば来られる。そう考え学部長を引き受けたのですが、学長に推薦されたときはかなり悩みましたね。六〇歳の時です。

「藝大愛」の学長に

もちろん、嬉しい気持ちはありましたよ。でも、現場が大好きな自分は組織のトップが果たして勤まるんだろうか、と。それに学長になると研究室が持てなくなるので、学生たちの指導は完全に出来なくなる。僕の心を読んでいる妻にも追い打ちをかけられました。「あなたが大学に行く意味は何なの」って。

しかし辞退する理由もない。一か月ぐらい悩みました。でもある時、若い助手に廊下に引っ張り出されて、黙って色紙を見せられたんです。その色紙には、大先輩の彫刻家・平櫛田中*先生の文字で「わしがやらねばだれがやる」と書かれていた。参った! と思いましたね。

田中先生には思い出深いエピソードがあるんです。先生の一〇〇歳をお祝いして近代美術館で展覧会を開いたのですが、その時におっしゃった先生のスピーチが未だに忘れられなくて…。こんな内容でした。

「わしは、彫刻用の木をあと三〇年分買っとる。六〇歳、七〇歳は鼻たれ小僧。男盛りは一〇〇から、一〇〇から」。

＊平櫛田中（1872-1979年）
ひらくし・でんちゅう　本名は平櫛倬太郎。旧姓は田中。

いやあ、インパクトありましたね。田中先生は一〇七歳まで生きられましたけれど、そんな偉大な田中先生の色紙を突き付けられたら、目先のことで逡巡している自分が小さく見えてしまった。

そうか、学長といえども一教員。大学のこと、芸術のこと、文化のことを考えるのも、現場で学生を教えることと何ら変わりはない。現場力を大切にしたいという自分の理念に外れるものじゃない、とストンと腑に落ちた。二代前の学長だった澄川喜一[*]先生にもこういって背中を押していただいた。

「六〇歳になるまで国にお給料をいただいてきたんだから、これからの学長職はお礼奉公。気軽に、有難いと思ってやんなさい」。

澄川先生の言葉にも肩の力が抜けました。

ただ、藝大を面白くしたいという気持ちはずっと以前からあったんです。それで、学長になった時の僕のスローガンは「藝大愛」にしました。藝大を愛しているし、芸術を愛しているし、藝大の学生や卒業生を愛している。だからもう、気負うことなく「自分力」で行くしかないと覚悟を決めた。

僕は自分の身の丈を知っているからカッコつける必要もない。リヤカーを引く行商人になって、藝大の面白さをいっぱい積んで、外に運んで行こうと。ただ、運び出す時に大き

＊澄川喜一（1931 年生まれ）
すみかわ・きいち　彫刻家。

な壁があると手間暇かかるし、向こうからも来難い。まずは塀をよけることから始めようと考えた。

屏というのは、藝大が持つ伝統や格式。でもその塀はよけるのであって、壊したりしない。壊してしまったら「藝大力」がなくなってしまう。伝統や格式を持っていても、それを振りかざさないということです。そうすれば、外から面白い刺激もどんどん入るし、改めて「藝大凄いね」と言わせるだけの力もある。

しかし、新しいことを手掛けると学内から様々な反対が起きる。学生や教員の作品を展示・販売する「アートプラザ」を構想したときもそうでした。「学内で作品に値札をつけ販売する？　とんでもない！」って。

しかし学生たちは卒業すれば自分の作品を売って生計を立てなければならない。いいものを作れば人が見て喜ぶだけでなく、買って大事にもしてくれる。アートプラザは学生がそんな制作の喜びを知るための「道場」にしたかった。自作を通じて社会と繋がり、見ず知らずの人の評価も知ることができる。

構内の草ぼうぼうの空き地にアートプラザを造った。口で説得しても始まらないので、まず自分のイルカの作品をプリントしたネクタイなどを率先して販売。そんなことを続けているうちに、二の足を踏んでいた研究室も、張り切って展示するようになりましたね。

続けて、全学生が応募できる芸術コンペ「藝大アートプラザ大賞」を創設すると、初日から行列が出来るほどの人気になった。大賞を獲った学生の多くが、後に売れっ子作家になっている。

学長になって間もなく、「社会連携センター」を立ち上げたときも反対された。産官学が連携し文化を通じ社会課題を目指すという組織です。今では広く支持されている考えだけれど、当時はなかなか理解されなかった。

上野周辺の街と手を組んで企画制作したり、日枝神社の天井絵を受諾して共同プロジェクトを進めていくなど、街に出て人々と接していると、専門領域を超えた力を貰うことができる。教員や学生にはいい刺激になるんです。実験的なことも芸術的なことも出来ますからね。芸術による街づくりの可能性もグッと広がるわけです。

新しくアニメーション科を創設したときも、「なんで藝大にアニメ？」といぶかしがられましたけれど、アニメは「鳥獣戯画」の延長でもあるんです。これだけ日本のアニメやマンガが国際的に評価されているのに、藝大に専門科目がないことの方が不都合。日本独特の表現を学術的にも評価していく必要があると考え、踏み切ました。

また海外の提携大学もかなり増やしましたね。学長になったばかりの頃は、中国の中央工芸美術学院、中央美術学院、韓国のソウル大学美術学校など数校しかなかったけれど、国際時代の今これではいけないと、大学の先生方の人脈を存分に使わせていただき、欧米、中東、アジア・オセアニア地域に数十校ほど国際交流指定校・機関を増やしました。学生たちは早くから世界の芸術に直接触れ、刺激になっていると思います。海外からの留学生には、日本の伝統文化に存分触れてほしい。

藝大全体を盛り上げる。若い芸術家の卵を応援する仕組みを作る。学長の仕事とはそういうことだと考え、様々な改革を着手してきました。今考えれば、大学や学生たち、そして地元の上野の街の人たちはよく許してくれたと思いますね。僕の「藝大愛」は熱すぎるので、知らないうちに誰かに迷惑をかけたこともあるかもしれません。

文化庁長官に

学長に就任し二期目が過ぎ、二〇一六年から三期目の継続も内定していた。そんな時、思いがけない打診をいただいた。文化庁長官就任の要請です。それまで藝大を去ることなんて考えたこともなかった。母校に尽くすのはこの上ない喜び。大学や上野の街のためにもうひと踏ん張りしようという矢先だった。

学長就任の時のように悩んだ。まだ藝大の文化をリヤカーに積んで行商したいと思った一方で、任期が一〇年を過ぎ藝大を「宮田カラー」に染めてしまってはいけないという思いもあった。

これまで藝大のみんなと考え実践してきたことを、少しフィールドが広くなるものの、今度は国の文化芸術のために活動すればいい。そう考え文化庁長官に就任を受諾した。

二〇一六年三月は学生の卒業式と同時に、僕の学長卒業式でもあった。僕は毎年、卒業式・修了式には並々ならぬ情熱を注いできた。みんなをあっと言わす演出を考え、巨大な筆で書く僕の揮毫も恒例の目玉イベントになっていた。中央舞台に置かれた巨大なパネルの前に立ち、力いっぱい揮毫した。式典は無事終わり、学生たちが一挙に駆け寄ってくる。あちこちから「学長！」という声が届き、涙と笑いにごちゃ混ぜになりながら、僕が藝大に入学してから五〇年目の「卒業式」が終了した。

そして二〇一六年四月文化庁長官に就任。以前にも書いたが、東京オリンピック・パラリンピック、そしてコロナ禍の対応などに追われ、かなり悩ましい日々が続いた。

僕はかねがね、文化の「三輪車構想」という考えがあった。一輪車に乗れる人は少数。二輪車はたいていの人は乗れるが、ペダルをこがなければ倒れてしまう。それに比べ三輪車はとても安定している。つまり「文化芸術」、「経済」、「観光」の三つの車輪が一緒に動くことで、速く走れるし遠くにも行けるということ。この三輪を上手く回せるように、「日本遺産制度」、外国人女優さんが日本の文化遺産を紹介する「じょんのび日本遺産」、皇室ゆかりの美術工芸品などを国内外に発信する「紡ぐプロジェクト」など、次々に発信させた。

文化庁の任期は二年ですが、その後再任され結局五年間、満期までやらせていただいた。

退任して作品制作に没頭

二〇二一年に退任した今は、日展理事長や美術館連絡協議会会長、国立工芸館顧問など公的な役職を幾つかやらせていただいているが、学長や文化庁長官時代よりは作品作りに没頭できるようになったかな。

実は双子の娘たちも僕と同じような道を歩んでいます。大学の非常勤講師時代は土日も働かないと食べていけないので、土日はよく狭い玄関で金属をコンコン叩いていた。すると娘たちは決まって僕の仕草をじっと見ているんです。僕が父の仕事を眺め、結局鍛金の道に進んだように、娘たちも同じことを考えたのかもしれません。多分、僕の背中が楽しそうに見えたんでしょうね。

双子の上の舞は工業デザインを学びオリエンタルランドに就職。下の琴は藝大で僕の研究室に入りました。正直、どう接すればいいのか戸惑ったこともあったけれど、娘の方が大人で、研究室では娘の顔を一切見せず、学生の一人として接してくれました。

琴とは親子二人展を開いたこともあります。

そして二〇二三年五月末から約二か月には祖父の代から琴まで、四代の作品を展示する「初代宮田藍堂の系譜」の開催も決まりました。

今は、作品制作にワクワクしています。その傍ら、趣味であるダイビングに妻とあちこちに出かけています。これも実に楽しい。

イルカシリーズのテーマ「シュプリンゲン（飛翔）」は僕の人生の代名詞。まだまだイルカを作り続けていきます。田中先生が「六〇歳、七〇歳はまだ鼻たれ小僧」と仰っていましたから。はなたれ小僧は修業を怠ってはいけません。

寄せ集めの進化と予期せぬ未来

千葉　聡

ちば・さとし

一九六〇年生まれ。

進化生物学者、生態学者。

東北大学東北アジア研究センター教授・所長。

人生の再現性

「進化を研究している人は周りにはいない」、「動物で分類学や生態学？　この大学では聞いたことがない」。

それは私が大学に入学して間もない頃、セミナー形式の授業の際に、生物学の教授との会話の中で聞いた話であった。少年時代から昆虫が好きで、いつかさまざまな種類を地上に生み出した進化の謎解きに挑戦したいと願い、まずは自然界の多彩な昆虫を相手に、分類学や生態学を学ぼうと思っていた私には、いささか酷な情報であった。

「これからは分子生物学の時代。いずれそういう昔ながらの学問は消えていくだろう」。その教授の予言は、私にとってただ不吉なだけで、将来性や流行や〝熱さ〟で学ぶ意欲が高まるわけでなかった。例えば、本なんて時代遅れ、これからはネット、ググればよい、と言われても、電子書籍で読めない本もあるし、読書を今さら止められないのと同じである。

しかしまだインターネットもなく、得られる情報が限られていた時代、その言葉が持つ意味はいっそう重いものだった。ちなみに私の記憶によれば、かの教授はこうも言っていた――「サイエンスはどんどん進化しているのだ」。

今にして思うと、教授は生物学の権威ではあっても、生物進化の定義は知らなかったのかもしれない。なぜなら「進化」という言葉は、一般社会の用語としては、「進歩」とほぼ同義であるが、生物学の世界ではそれとは違う意味で使われるからだ。

進化とは、世代を超えた性質の「変化」の意味だ。あるいは生物がたどった変化の歴史を意味する場合もある。だが、強くなるとか、賢くなるとか、すぐれたものになるとか、発展するとか、そんな意味は含んでいない。単なる変化のことである。だから生物学的に、「退化」は進化の反意語ではなく、進化の一面である。

自然選択は進化の主要なプロセスのひとつだが、偶然の働きだけでも進化は起こる。集団がどんな性質をもつ個体で構成されるかは、突然変異で偶然生じた遺伝的変異が、遺伝的浮動と呼ばれる偶然のプロセスで集団に広まるだけでも決まるのである。この場合、進化の進み方は全くランダムだ。加えて、進化の歴史は偶然の出来事で、その道筋や結末が大きく変わりうる。今の地球上に鳥類以外、恐竜の仲間が生息せず、代わりに哺乳類が幅を利かせ、なかんずく人類がはびこっているのは、白亜紀末に隕石が偶然地球に衝突した結果であろう。もしこのとき隕石の進入角度があとほんのちょっとだけ浅かったならば、その衝突と大規模な絶滅事変を免れた地球の生物相は、私たちが今見るそれとは随分と違うものになっていたかもしれない。

人類の進化は偶然に過ぎない―そう考えた古生物学者スティーヴン・グールド*は、進化の歴史を一本のビデオテープに例え、数億年の過去まで巻き戻してから再生したら、現在まで進んだビデオに人類は存在していないはずだ、と主張した。

自然選択の作用があれば、いかなる適応的な性質でも進化するわけではない。ある系統がどんな進化を生じるかは、その系統が歩んだ進化の歴史の産物、つまり個体発生の過程

*グールド（1941-2002年）
Stephen Jay Gould　進化論の論客であると同時に科学エッセイストとして活躍。最も影響力の大きな大衆科学作家の一人。

や遺伝子発現ネットワークに依存する。多くの場合、進化は既存の形づくりのしくみを利用しつつ、それらの継ぎはぎによって新しい形質をつくりだすからだ。適応の結果生じる新しい形質は、それまでに獲得されたありあわせの素材のパッチワークである。従って、ある系統の適応進化は、その系統が辿った歴史―つまり偶然の支配を受けるはずだ。

この考えは自然選択とその結果としての適応を重視して、人類の出現を進化の必然と考えるコンウェイ・モリス*らとの間で大きな論争を呼んだ。仮に脊椎動物が陸上進出しなかったとしても、似たような体制の動物が進化したはずだし、仮に恐竜が絶滅しなくても、その子孫に人類とそっくりな知的生物が哺乳類とは独立に進化したはずだ、というのが、モリスらの主張だった。

確かに生物の系統によっては、異なる地域で独立に同じ性質を、進化させた例があるし、異なる時代に同じような性質の種が繰り返し進化した例がある。だがこうした反復進化や平行進化は一般にごく近い系統や、相対的に短い時間スケールの現象に限られる。古い時代に絶滅したきり、二度と類似の性質が地球上に進化しなかった事例は普遍的に存在する。歴史が長くなればなるほど、偶然の連鎖による効果が蓄積して、必然のプロセスで同じ進化が再現される可能性は低くなるだろう。

ちなみにごく最近のことだが、やり直し不可能な現実の歴史と違って、仮想の歴史なら

*モリス（1951年生まれ）
Simon Conway Morris　古生物学者。カンブリア紀の進化大爆発の痕跡をとどめる「バージェス頁岩動物群」の研究で知られる。

ゲームのように何度でも再生可能、と考えた私の研究室の学生が、計算機に仮想の生物からなる生態系をつくり、環境、遺伝子、繁殖、個体発生のルールなどが同一の初期条件から、何回も歴史を再生して、それらの進化の結末を比較した。その結果、毎回よく似た結末になる場合もあれば、回ごとに全く違った世界になる場合もあるという結果になった。ただしより多様な種が進化するような初期条件の場合には、結末の再現性は低下し、回ごとに生態系を構成する種の性質は異なるものになった。

では同じ歴史でも、人生ならどうだろう。あなたの人生をゲームのように初めからもう一度繰り返したとしたら、あなたはやはり今と同じような仕事に就き、似たような暮らしをしているだろうか。それとも全く別の人生を歩んでいるだろうか。

確かに私たちは人生の中で繰り返し同じような選択をし、同じような失敗をやらかしがちだ。だが、前と同じような失敗をしたにもかかわらず、運よくそれが良い方向に転がり、却って成功につながる場合もあるし、逆に不運にも、前よりもっと抜き差しならない事態に至ることもある。

階層が固定化された階級社会なら、階層ごとに似たような人生が、世代を超えて繰り返されるかもしれない。だがもっと自由で平等な社会なら、どんな人生を送るかは、どんな親から生まれたかとは無関係に、ほとんど偶然によって決まるだろう。私が魅力を感じるのは、どんな結末になるにせよ、後者のほうだ。

さて、入学早々、抱いていた夢を否定された私は、何のために学ぶのか、疑問を抱くようになった。これからは分子生物学とバイオテクノロジーの時代だ、と言われても、あまり関心を持てなかったし、その業界に進みたいとも思えなかった。

私が入学した大学は、一、二年次は理系、文系など大雑把に分けられたコースに属し、三年次から専門課程の学部・学科に進学する形式になっていた。希望の学科に進学できるかどうかは、一年次と二年次前半の、一般教養科目の学業成績で決まるので、同級生らは試験で高得点をとるため、必死で勉強していた。さらには過去問まで手に入れ、試験テクニックを駆使して、点取り競争に打ち勝とうとしている者もいた。

学ぶ対象を失った上に、そうした受験勉強の続きのような、競争に勝つための勉強にうんざりした私は、学習意欲をそがれてしまった。特段希望の進学先が見つからない私は、必要単位が取れて留年しなければそれでよし、と必要最低限の学習しかしなかった。

代わりに私がエネルギーを注いだのは、大学の課外活動と麻雀であった。

入学して間もなく、大学の最寄り駅前に続く坂道で、左翼系学生と原理研学生の乱闘現場に遭遇した私は、日常のキャンパスライフに脅威を感じ、護身のため武道系の運動部に入部した。その部室は大学の寮内にあり、部屋を寮に維持するために、部員の多くはほぼ強制的に寮生となっていた。

当時、その寮は良く言えば学生の自治区、悪く言えば無法地帯で、自由と秩序のトレードオフを実感できる世界だった。そこはまるで洞窟のなかに穿たれた穴蔵のようだった。一二畳ほどの広さ。ほぼ雑居房である。土足暮らしなので、汚れで炭のように黒く脂ぎった床には迂闊に腰を下ろすこともできない。ゴミだらけの部屋の壁際には、衝立代わりの本棚と、カビの生えた万年床が敷かれたままの朽ちた二段ベッドが並んでいた。ある時、そのベッドのひとつで寝ていた私は、ふと気になり、それまで頭を乗せていた座布団状の枕をひっくり返してみたところ、枕の裏側に乾燥した誰かの吐瀉物が、薄いピザのようにぺったり張り付いていたことがある。

窓際の一角は、牢名主の居場所のように一段高くなっていて、畳が敷かれ、その上に食卓と麻雀卓を兼ねた万年コタツが陣取っていた。

寮に入り浸った私は、先輩や同期の仲間と、日々そこで麻雀に励むようになった。気が付くと誰かとコタツを囲んで、ジャラジャラやっている。一種の中毒であった。

同期の仲間たちは、法学部や経済学部などに進む文系もいれば、私と同じく理系もいて、多士済々だったが、記憶に残るのは、彼らとのとりとめのない会話や馬鹿騒ぎ、くだらないドタバタ劇ばかりで、彼らとの交流の中に、何かしら私の成長に寄与したと感じられる要素は皆無である。

当時の彼我のことを回想すると、遠い未来の予測は不可能だ、と思わざるを得ない。二〇歳そこらの若者の将来など、誰も予想などできるはずがないのである。

同期にひとり、飛び切り優しく親切で、頼み事は何でも聞いてくれる、まるで菩薩のような人物がいた。私は内心、このような菩薩が生き馬の目を抜くような社会に出たら、たちまち搾取の標的になって、苦しむ人生になるに違いない、と気の毒に思っていた。ところが今では彼は、財務省の官僚—国立大学を財政的に支配して苦しめる不倶戴天の敵、と多くの大学人が恨む存在—である。

もうひとり、同期の中で特に親しかった友人が、ある時、英語の課題が終わらない、と嘆いていたので、それを私が彼の代わりに片づけてやることにした。多少てこずったものの、ごく短時間で課題の英語長文を和訳し終えた私は、訳文を彼に渡しつつ、英語が苦手だと国際化が進むこれからの社会で苦労するよ、などと上から目線で所感を述べたものである。ところが彼は卒業後、外務省に入省し、今は国連大使である。

とりわけ沈着冷静で思慮深く、勉強熱心で、もし学者になるなら彼だろうと感じた同期は、確かに後に著名な科学者になったが、粗暴で喧嘩の勝ち方の研究にしか興味がなく、狂犬みたいだった同期も、同じく科学者として名を上げた。

なかにはどう考えてもお先真っ暗としか思えない仲間もいた。彼は寮、つまり学内に住んでいるにもかかわらず、一年次途中から一切の授業に出ず、部活の練習時間以外は、一日中ベッドの上に座り、じっと壁を見つめたまま煙草をふかしていた。さすがに同期の仲間が心配して、皆で授業に出席するよう説得したものの効果がなく、そのまま留年を重ねて、最後は退学となった。ところがそれから数年後、彼は他大学の医学部を再受験して合格、無事卒業して医師免許を取得し、いまでは精神科医である。

誰かの才能や将来性を、人生の早い段階で見抜くことができる、などという信仰は幻想だと思う。スポーツや芸術など、特殊な世界ならできるのかもしれないが、多くの場合そんな信仰は、結果をプロセスと勘違いした後付けの錯覚に過ぎないのではないか。人生の初期に学習評価を巡る競争や経済力で優位な立場を得た若者のほうが、後に社会の中枢を担う仕事に就く確率が高いのは、単に彼らが社会のそうした錯覚と偏見を利用できるからだろう。幻から生まれた周囲の期待が、結果的に期待通りの結末を導くのである。

他人はもとより自分自身でさえ、この先どうなるか、どうすべきなのか、確信をもって見通すことなどできるとは思えない。人生は虹色に怪しく彩を変える空の彼方を見つめながら、高速で地雷原を駆け抜けるゲームみたいなものであろう。

さて、二年次になると、三年次から配属される学部・学科が内定する。自分の興味と合致する進学先が見つからぬ中、少しでも関心がもてそうな研究分野を探した結果、農学部のとある学科を候補に選んだ。一般教養科目の成績はさえなかったが、幸運にも進学が内定し、後期から一般教養に加えて、内定先の専門の授業が始まった。するとようやく大学での勉強が始まったと、少し実感できるようになった。

ただし油断は禁物である。うっかり後期の単位を落として留年すると、内定が取り消されてしまう。特に英語は要注意である。試験は一発勝負で、他の科目にあるような、追試による救済措置はなかった。普通に試験を受ければまず落第点をとる心配はないが、何かのトラブルで試験を受け損ねると、その時点で留年が決まってしまうのだ。

翌日にその英語の試験を控えた夜のこと。試験は午前中なので、そろそろ寝ようかとくだんの部室で思案していると、先輩が麻雀をしようと誘いに来た。寝坊して試験に遅刻するのを防ぐため、また頭脳を活性化させるため、徹夜で麻雀をするとよい、と言う。確かに寝坊を防ぐには、寝ないのが一番だ。なるほどと思い、先輩や同期の仲間とともにコタツを囲んで麻雀を始めた。

そのうち誰かが、飲もう、とワインや焼酎、ウイスキーを持ち出してきて、皆でぐいぐい飲み出した。私も勧められるままに、ぐいぐい飲んで、酔いが回り、かなり気持ちの良い状態になったことを覚えている。

そうしてどのくらいたっただろう。コタツで眠り込んでいた私は、朝日が差し込むのを感じて目を覚ました。オレンジ色の日差しが眩しい。まだ七時くらいか、などとうっすら考えつつ、窓の外を眺めた。だがそこで私は、何かが違う、と気づいた。そうだ。この部屋は建物の配置の関係で、東の空は見えないはずだった。朝日が差し込むはずはないのだ。

オレンジ色の太陽は、西の空にあった。それは朝日でなく、夕日だったのである。窓から見えたものは、試験も含めて、その日にあるはずだったことが、すでに終了したことを意味していた。

私は、少しずつ赤味を増してゆく日の光を眺めながら、ぼんやりする頭で、何か非常にまずいことをやらかしてしまったらしい、と思った。

ブリコラージュ

留年が決まり、進学先の内定がご破算になった私は、学費と生活費を稼がなければならなくなった。親からの経済的支援が途絶えたからである。友人らはたいてい塾講師や家庭教師の仕事で高収入を得ていたが、私はそうした効率よく稼げるアルバイトを容易《たやす》くできるわけではなかった。

大学に入学して間もなく、私は中学受験を目指す小学生を対象とした学習塾の講師に採用された。ところが私は担当したクラスで、早々に学級崩壊を起こし、保護者からの苦情が殺到して、クビになってしまった。これがトラウマになり、授業はもとより人を前にして何かを教えるのが怖くてできなくなった。さすがに今はだいぶ改善されたが、相変わらず講義は苦手である。

体力だけはあったので、引っ越し作業や清掃などのアルバイトで、なんとか収入を得た。高報酬に誘われて、怪しげな会社で怪しげな英語教材の電話勧誘の仕事もしたが、ノルマ達成には程遠く、加えて受話器越しのやり取りに心を病んで早々に辞めた。これがトラウマになり、今も電話は大嫌いである。

運動部の活動が休止される試験期間から、春、夏の長期休暇にかけては、房総半島鴨川の旅館で住み込みの接客、配膳、裏方のアルバイトをした。この仕事は比較的性に合っていたようで、仲居さんら従業員には気に入られ、宿泊客からは頻繁に「お心づけ」（チップ）を頂くようになった。

当時の国立大学の授業料はおよそ現在の三分の一と安価で、十分自力で稼ぐことができた。そこそこ収入が得られたので、それほど生活には困らないはずだったのに、そうはな

＊レヴィ＝ストロース（1908-2009年）
Claude Lévi-Strauss　フランスの社会人類学者、民族学者。アメリカ先住民の神話研究の業績から構造主義の祖とされる。

＊＊「野生の思考」
La Pensée sauvage, 1962. 邦訳：大橋保夫訳、みすず書房、1976年刊。

らなかった。理由は、得た収入のうち、学費分以外の大半を書籍代に費やしてしまったからである。

私は神田神保町の古書店街に、恰好の娯楽を見つけてしまった。発端は、レヴィ＝ストロース*の「野生の思考**」である。みすず書房独特の、無駄をそぎ落とした素木作りのような装丁に惹かれ、その本を手にして以来、文化人類学と構造主義に心を奪われた。

きちんと計画された設計図通りの人生から外れ、日々ありあわせの生活と仕事をつなぎ合わせてやりくりしながら、一体これからどうするかと試行錯誤している今の自分は、まさにレヴィ＝ストロースの言う「ブリコラージュ***」だと思った。

レヴィ＝ストロースは難解で、中身の二割も理解できたか自信がなかった。しかしその難解さ、分からなさ、が魅力だった。思考の荒野に埋まっている謎を、掘り起こして解く作業がたまらなく刺激的だった。いくら読んでもわからない部分があったので、文化人類学、特に構造主義に関わる本を手あたり次第買って読んだ。記号論からソシュール****に進んで、増々分からなくなり、理解しようとする作業の虜になった。

仕切り直しとなる進学先では、文化人類学を学びたいと思った。通常、それは人文系の領域であり、理系学生の進学先としてはあまり想定されていない。しかし私は理学部の地理学科に、人文地理学のコースを見つけ、そこで文化人類学が学べることを知った。

***ブリコラージュ
器用仕事とも訳されるフランス語。レヴィ＝ストロースは近代以降のエンジニアリングと対比した。

****ソシュール（1857-1913年）
Ferdinand de Saussure　スイスの言語学者、言語哲学者。

低空飛行の学業成績にもかかわらず、再び幸運に恵まれて内定を確保し、今度は単位も確実に取得して、地理学科に進学した。

三年次に学科学生のフィールドワークがあった。フィールドワークは夏期に四国で行われた。一週間ほど教員による指導が行われたのち、学生は各自テーマを決めて研究活動に取り組む。私は高知県のとある漁村で聞き取り調査を中心に、漁業文化と自然の関係をテーマに研究をすることにした。もっとも実際に漁業者から聞けたのは昔話や経験談ばかりで、まとまった成果が得られたわけではなかったが、それだけで十分刺激的で、漁業者に対して持っていたイメージがずいぶん変わった。中にはサラリーマンから転職して漁師になった人や、以前は捕鯨船に乗っていたという人もいて、さまざまな生き方を垣間見ることができた。そして卒業研究は、引き続きこのテーマでやろうと決めた。

幸い親からの経済的支援が多少ながら復活し、学科の先輩からは企業のアルバイト業務を紹介されて、当面の生活不安は解消されていた。ようやく取り組むべき学問も定まり、物事が順調に進み始めたと思った矢先、想定外のことが起きた。人文地理学コースの指導を担当していた教員がフランスに留学することになり、そちらを専攻できなくなったのである。

学科主任の教員と相談した結果、卒業研究は教員の提案に従い、自然地理学の一分野である地形学の研究で行うことになった。調査地や調査方法、課題設定など、すべて教員の指示に従えばよかったので、勉強不足でも結果を出す上で特に不安はなかった。だがその一方で、研究テーマの意義や背景がよく理解できず、また理解するために何を勉強すればよいのかもわからなかった。結局、学習意欲は低下して、再び寮に入り浸り、麻雀中毒に戻ってしまった。

三年次の終盤には、就職活動が始まった。自分自身は研究者にならないが、研究者の話が聞ける仕事、科学・学問に関われる仕事がしたかったので、新聞社などマスコミの採用試験を受けたり、出版社を訪ねた。だが状況は思わしくなく、就職浪人を回避する策も考えなければならなくなった。

とりあえずの問題先送り案は、大学院進学である。夏に行われる大学院の入学試験を受けて合格すればよいのである。だが学科の先輩の意見では、私に合格は無理だという。筆記試験がよくても、面接で落ちる、そもそも受験を認められないだろう、というのだ。

大学院重点化により定員が増える前の大学院は、そう容易く入学できる所ではなかった。地理学科の場合、大学院に進学できるのは、教員から将来性があると認められた優秀な学生だけで、私はその中には入っていなかった。確かに麻雀中毒の学生など、普通は敬遠されるし、低評価なのは仕方がない。

当時の大学は今と違って、教育を巡る平等意識は浸透しておらず、特に私の大学の場合、教員に研究者育成の意識が強かったため、才能ありと判断された学生は教員から適切な指導を受けられる一方、見込みなし、と判断された学生は、ほとんど相手にされなかった。そして私は後者の部類だった。

それならダメもとで他学科の大学院を受けてみようと考えた。地質学科なら分野的に地形学と近く、一か八かのチャンスに賭けてみる価値はありそうだった。この二つの学科間で、教員同士の交流は一部を除き、ほとんどないらしい。それなら私に対する麻雀中毒などの悪評は、伝わらずにすむかもしれない。いわゆる「ロンダリング」である。今から考えると、これはかなり甘い考えだったのだが。

それはともかく、私は挨拶と見学を兼ねて、卒業研究のテーマに分野が最も近く、地殻や岩石の運動・変形を扱う構造地質学の研究室を訪ねることにした。とはいえそこの教員の講義を受けたこともなく、今と違ってウェブサイトもないので、教員の名前と研究内容と研究室の部屋番号しかわからない。教員の顔も知らず、電話番号を調べるのも面倒だったので、アポも取らずいきなり研究室に出向いて部屋の扉をノックした。

すると扉を開けて、そこの教員が出てきたので、大学院を受験したいので挨拶に来た旨を伝えると、教員は初対面の私を部屋に迎え入れ、さっそく説明を始めた。

「うちでは動物を対象に、生物学としての古生物学をやっている」。

ん？ 構造地質学ではなかったのか？

卓上には貝殻や化石がいくつも並んでいる。棚に目をやると、置かれているのは海産動物の液浸標本だった。そこで私は初めて部屋を間違えたことに気が付いた。うっかり古生物学の研究室に来てしまったのだ。

「主なテーマは進化だが、化石と現生生物を対象に、分類や生態の研究をしている学生もいる」。

進化、分類、生態―その言葉に、私はかつての願望を呼び覚まされた。思いがけぬ幸運。目の前の人が誰なのか分からないが、この機を逃す手はない。私はとっさに、もともと進化について学び、研究したかったが、その機会が得られなかったため、今は別の研究をしている、と説明し、やはり進化の研究をしたい、と伝えた。名も知らぬその教員は「試験、頑張りなさい」と言い、私の大学院受験を承諾した。

タイタン

麻雀を断ち、就職活動の合間を縫い、必死の受験勉強が功を奏して、なんとか地質学科の大学院入試を突破した私は、合格の挨拶をするため、古生物学の教員―我が師の部屋を訪ねた。すると師は、私にスティーヴン・グールドの分厚い論文を手渡し、これを読むとよい、と薦めた。私は教員から直に論文を渡され、指導を受けるのは初めてだったので、驚いてその一〇〇ページを超える論文―バミューダ島の陸貝化石から、平行的な進化のパターンとそのプロセスを解明した論文―を全力で読破した。後で判ったのだが、それはグールドが二〇世紀末、世界の進化学会を席巻し、大論争を巻き起こした断続平衡説を導き、またグールドが進化のプロセスとして、自然選択の重視から、偶然を重視する考えに転換する契機となった、歴史的な論文だった。

私はその論文の要約をノートにまとめ、自分の意見を添えて、師に提出した。すると、ではこれ、と言ってまた別の論文をいくつも渡された。いずれもエヴォリューション（進化）誌などに掲載された、進化学の重要な研究成果についての論文であった。さらには古生物学だけでなく、集団遺伝学や生態学などの教科書を何冊も渡された。

「もちろん博士まで行くんだろう？」。師は私が将来研究者になるものと勝手に決めているようだった。もう就職活動どころではなかった。ただし、卒業研究だけは、今までのこちら側での低評価を覆すためにも、残された時間に全力を注ぐ気になっていた。

二月に卒業研究の発表が終わると、私は何も思い残すことなく、すぐに新しい研究に着手した。地質学科の大学院で行う研究はすでに決まっていた。その研究テーマは、小笠原諸島の陸貝化石からその進化のパターンを明らかにすることだった。このテーマはもともと師が米国留学中、師の友人でもあるグールドと議論している際中に浮かんだものだという。

小笠原という広大な海で他の陸地から隔絶された島は、自然の実験室のようなもので、その小さな世界で独自の進化が起きる。ガラパゴスで独自に進化したダーウィンフィンチの研究から、進化のモデル系が生まれたように、小笠原では化石陸貝の研究から、新しい進化のモデル系ができるかもしれない。

「グールドに一泡吹かせてやれ」。師はそう言い、私が渡り合うべき相手は世界なのだと強調した。大学院で進める研究で成果を挙げ、それを著名な国際誌—当時グールドらが誌上で遺伝学、生態学、さらには分子生物学まで巻き込む大論争を展開し、世界の進化学者の注目を集めるエヴォリューション誌に、論文を発表するのが、当面の私の目標になった。

師がなぜ私にかくも不相応な期待をかけたのか、理由はわからない。ただ、少なくとも私の麻雀中毒は、師にとって全く問題ではなかった。なぜなら師は自分の趣味が、貝類（モラスカ）とマーラー*、そして麻雀の3Mであると公言しており、麻雀歴＝年齢、かつ自宅に全自動麻雀卓を設置しているという筋金入りの麻雀師だったからである。中毒がデフォ

＊マーラー（1860-1911年）

Gustav Mahler　オーストリアの作曲家、指揮者。交響曲と歌曲の大家として知られる。

ルトの師にとって私の如きレベルは、ほとんど初心者扱いだったのである。

とはいえ私の中身が入試を境に急に改善されたわけでもない。その期待は単に、数多の欠点と凡庸さしか見せない私に、師のギャンブラー魂が動かされただけ、と言う可能性もある。悪配牌から国士無双を狙う気分だったのかもしれぬ。

ところで師とグールドが想定していた小笠原の陸貝化石とは、ヒロベソカタマイマイという絶滅種のものだった。これは過去の調査記録で、更新世後期、恐らく最終氷期（一から七万年前）の化石だと報告されていたが、この記録のほかは全く研究がなく、実態は不明だった。実のところ、この研究対象でどんな進化が観察できて、そこからどんな仮説が立てられて、それをどう検証できるか、全くの未知数だったのである。だが、未知の研究対象とは、逆に言えばまだ誰も手を付けていない秘宝のようなもので、何かわかればそれは全て新発見である。これほど刺激的で、探求心をそそられる話はなかった。

「このテーマは研究の出発点でしかない。これを手掛かりにして、その後どんな手法を使ってどんな方向に進めても構わない。自由なアイデアで研究を発展させてほしい」。

発射台は用意するが、自力で飛行を始めたら、あとはどこに向かって飛んで行っても構わない、というのが師の指導方針であった。

意気揚々と一〇〇〇キロの海を越えて小笠原に向かい、亜熱帯の島で研究を始めた私だったが、すぐに問題に直面した。記録にあるヒロベソカタマイマイの産地を訪れてみると、そこは砂丘になっていて、その殻は砂上にたくさん散在していた。砂丘の状態や殻の様子を見ると、とても更新世のものには見えず、恐らく一〇〇〇年前より新しい、ごく最近の死殻にすぎないように思われた。実際にこの推測は正しく、後の年代測定により、ヒロベソカタマイマイは最も新しいもので三〇〇年前のものという結果が出ている。過去の調査記録が誤っていたのである。

　これは想定外の事態だった。しばらく考えた末、とりあえずもっとよく調査しようと決めた。もしかすると、ヒロベソカタマイマイとは別種の、まだ発見されていない本物の化石種があるかもしれない。それを見つければよい、と思った。

　砂丘の下には赤い砂の層があり、掘り返してみると、中から砂丘のものとは少し形の違うヒロベソカタマイマイが出てきた。なかなかよい兆候だ。層の中に小さなサンゴの破片も入っているので、最終氷期ほど古いものではないが、数千年前程度までは時代を遡る可能性があった。

　赤い砂の層の下部がどうなっているかを丹念に追っていくと、基盤の石灰岩の裂け目に落ち込むような形で砂が溜まり、その下に褐色の粘土層が堆積しているのがわかった。細かい粉のような粘土をスコップで掘り返していると、急に手ごたえがあり、ぐいと掘り起こすと、コーヒー皿くらいの丸いものが、ゴロリと転がり出た。粘土を払ってみると、平たい巻貝だった。掌からはみ出るほどの大きさ。ずっしりと重い。一瞬アンモナイトかと思った。いや、こんな場所からアンモナイトが出るはずがない。よく見ると、カタツムリの殻だった。こんな形でこんな巨大な陸貝は、日本では聞いたことがない。間違いなく新発見であった。

さらに調査を進めた私は、石灰岩の裂け目や鍾乳洞の堆積物から、大量の陸貝化石を見つけ出した。それらは数多くの絶滅種を含んでいて、すべて新発見のものだった。

その後に行った年代測定で、これらの化石は一万年前から一〇万年前のものであることがわかった。私はこれらの年代をもとに、化石種が示す形態進化のパターンを推定した。驚くべきことに、たかだか一〇〇〇年ほどの期間に、多くの系統が同期して、劇的な形態の変化が起きたことが判った。私は、形態から推定されるそれぞれの種の生態的ニッチとその変化から、種間競争とそれに伴う適応が、この同時的な変化の駆動力である、と結論した。これが私の修士論文の中核をなす研究成果となった。

私は、一連の成果の発端となった巨大な化石カタツムリを新種として記載したが、その学名を、タイタン、と名付けた。師が麻雀と並んで愛好するマーラーの、交響曲第一番「タイタン」にちなむ種名である。

マクロとミクロの融合

当時、学生の野外調査は自費で行うのが一般的だった。小笠原で調査を行うために必要な費用を、どう確保するかは私にとって非常に重要な課題だった。師は時に旅費を一部支援してくれたが、それは当時としては極めて異例なことであり、基本は自力で調査費用を調達しなければならなかった。しかも小笠原の島々はほとんどが無人島で、そこに渡るには船をチャーターしなければならない。傭船代も必要だった。

解決のきっかけは、小笠原の母島に滞在中、宿の女将が体調不良を訴えたので、宿の掃除や接客、食事の配膳、片づけなどを手伝ったことだった。それ以来、朝と夕方以降の仕事を任されたが、いつもおよそ二か月の滞在で、その間の宿泊費が免除されただけでなく、謝礼として往復の交通費まで受け取ることができた。しかも仕事以外の時間は調査に使えたので、一石二鳥だった。父島でも同じやり方で調査と旅費捻出の両立に成功し、費用の問題はおおむね解決した。大学生の時、留年して旅館で住み込みのアルバイトをした経験が、意外なところで役立った。

小笠原の宿は、漁師が兼業している場合が多いので、そこで仕事をしていれば、自然に漁師と懇意になる。その結果、漁船に乗って無人島に渡れるようになった。遠方にある島に渡るには傭船代が必要だったが、大半の無人島には費用をかけずに渡って調査ができたのである。

現在では、学生の調査旅費は、外部資金を獲得できた幸運な指導教員の研究費で賄われるのが普通だ。また、学生自身が運よく研究費を獲得できて、そこから支出する場合もある。それ以外の方法、特に当時の私がしたようなやり方で、学生が資金を獲得するのは、今では不適切と見なされるだろう。逆に言えば、流行分野の早熟な一握りの学生以外でも、自由に、しかも学生にしかできないやり方で課題に挑戦できる機会は、それだけ減ってしまったと言えるかもしれない。当時は大学も研究も、またそれと関わる社会も、あらゆる面で雑だった。雑であるがゆえの自由だったのだろうと思う。

私は師の言いつけに従い、自由気ままに研究を進めるようになったが、逆にそれができたのは、学生がどんな研究を始めようが許容する、という師のある意味雑な信念ゆえである。

実際、師はまさか私が分子生物学に手を出すとは思ってもみなかったであろう。かつての私自身からみても、それはまさかの未来であった。

当時は分子生物学の進歩とともに、木村資生*が提唱した分子進化の中立説が一世を風靡

*木村資生（1924-1994年）
きむら・もとお　集団遺伝学者。中立進化説を提唱。

し、分子遺伝学が進化学の重要な分野として確立しつつあった。分子の技術は、現生生物から進化の歴史や種分化の過程を推定するための強力なツールとして注目され始めていた。

博士課程に進んだ私は、大学の付属植物園に学内留学の形で滞在し、酵素タンパク質の多型や、ミトコンドリアＤＮＡの変異解析の知識と技術を学んでいた。それを利用して小笠原の陸貝が、どのように多様化してきたのかを調べることにしたのである。地質調査から得られた過去の環境変化や、化石から推定された進化パターンと、分子レベルの解析結果とを比較して解釈を試みるのは、実に魅力的な挑戦であると考えていた。

植物園には集団遺伝学や生態学の研究者が多く、そこで行われるセミナーは古生物学のものとは全く異質だった。私は植物園のセミナーで自分の研究を紹介したが、それまでに経験したことのないような厳しい批判を受けて、かなり衝撃を受けたことを覚えている。だが逆にそのおかげで、今まで気づかなかった自分の研究の弱点を把握でき、集団遺伝学や生態学の論理や見方を学習して、飛躍的に実力を高めることができた、と感謝している。なお、当時この植物園にいたメンバーのうち、二名の大学院生は、偶然にも現在、私の勤務先の同僚である。

植物園で技術は学んだものの、計画を実現するには課題が残されていた。最大の問題は資金であった。分子実験に必要な設備は、他の部局に依頼して借用できる見込みがついたものの、使用する薬品を購入するのに費用がかかる。

ちょうどこの頃、私が関係する分野で初めて、学生でも応募が可能で、かつ比較的高額な研究助成金を提供する財団が現れた。そこでこの財団に応募したところ、幸運にも採択され、実験費用を確保できた。

分子マーカーを使って集団の遺伝的変異を調べてみると、それまで全く想定していなかった結果が得られた。ひとつの種に属する集団に、別の種から由来した遺伝子が含まれていたのである。これは異なる種の間で、交雑が起き、それぞれの集団の遺伝子が混じりあった可能性を示していた。

過去に雑種化が起き、それが進化を加速させるのではないか—この仮説を検証するため、以前採集した化石試料を改めて産出年代に沿って並べ、殻の形や表面彫刻、わずかに残存している殻の模様が、歴史的にどのように変化してきたかを調べてみた。

最終氷期末には、いくつかの化石種で急な形態変化が起きている。そのタイミングで、これらの化石種に現れた新しい形や模様などの特徴をよく見ると、それは別の種がもつ特徴を含んでいた。中には、それらの種の中間的な特徴を示す化石も見つかった。確かに、これは過去に雑種化が起きた、という仮説を支持するパターンだった。

次に雑種化したと考えられる最終氷期末から、新しい時代に向かって化石記録を追っていくと、いくつかの種で、雑種化によって他の種から取り込まれた特徴（模様、表面彫刻など）がしだいに明確になっていくことがわかった。そして最後――つまり現在は、それらの特徴の由来元である別の種の特徴と、ほとんどそっくりになっていたのである。これらの特徴は遺伝的に決定されていることが、別の交配実験でわかっていたので、このパターンは、過去に別の種から交雑を経て由来した遺伝子が、その種の集団の遺伝子プールを、部分的に乗っ取ってしまったことを意味していた。

この乗っ取りが、自然選択による環境への適応の結果なのか、偶然による遺伝的浮動なのかは、決着をつけられなかったが、最終的に集団で支配的になった模様などの特徴が、乾燥や高温に有利な特徴とされているものが多かったため、恐らく最終氷期以降の温暖な環境への適応の結果だろうと推測した。

雑種化が進化の駆動力になるという考えは古くからあり、特に二〇世紀初めには有力な進化プロセスのひとつと考えられていた。しかし二〇世紀半ば以降、進化の総合説が定着するとともに、進化学者らの支持を失い、ほとんど注目されなくなっていた。しかし、小笠原の陸貝が示した進化パターンは、その古い考えが進化の重要なプロセスとして、無視できないことを示していた。恐らくは、交雑を介した既存の遺伝子の組み合わせ、つぎ合わせが、新しい方向の進化を導くのだろう。

こうして古生物学と分子生物学という、古い科学と新しい科学、マクロな科学とミクロな科学の組み合わせによって、忘れられていた進化の仕組みを、新たな光の下に引き出すことに成功したのである。

この成果に私は自信を深め、一連の研究を論文としてまとめて、当初の計画通りエヴォリューション誌に投稿しよう、と考えた。多くの進化学者が見落としているプロセスの重要性を指摘する、という趣旨や、古生物学と分子生物学の融合という手法の独創性、豊富なデータなどから、私はその雑誌の厳しい査読を十分切り抜けられると思っていた。

ところが、私が本格的に研究を進め出して以降は、一切研究に口出ししなかった師が、そこで初めて私にストップをかけた。いきなりそこに投稿するのは、考え直した方がよい、と言うのである。

師の提案は、まず国内の古生物学会が発行している英文誌に、得られた研究成果のうち、基礎となる部分をまとめて論文にし、投稿せよ、というものだった。その理由は、第一に、全部まとめて論文にした場合、データがあまりに多岐にわたっているため、焦点がぼけたわかりにくい論文になってしまう可能性があることだった。また第二に、対象となる種のほとんどが、研究の中で発見された未記載種であるため、そのままだと論文に使用したデータの再現性に問題が生じる可能性があった。そして第三に、ビッグジャーナルは査読が厳しく、受理されるまで時間がかかる可能性があるので、まずは成果のコア以外の部分を先に発表し、キャリアの基礎を築いたほうが良いというものだった。いきなり高いところに手を伸ばそうとするより、まず基礎をつくり、次にそれを踏み台にしたほうが、結果的に高いところに手が届きやすい、というのである。また研究の進展にあわせてひたすら前に進み続けるのではなく、一旦後ろに下がり、これまでの研究に対し他の研究者の評価を仰ぎ、もし修正が必要な点があれば、今のうちに修正するべきだという。

師の助言に従い、私は成果のうち化石種の進化史と分類に関する部分を論文としてまとめ、学会誌に発表した。若者特有の焦燥感と全能感ゆえに、一歩下がるこのやり方に全く不満がなかったわけではないが、幸運にもその論文は、その年に学会誌に発表された論文のうち、最も優れた論文と評価され、古生物学会から論文賞を受賞した。

次に、この論文の内容を引用する形で、成果のコアになる部分を新たな論文としてまとめ、予定通りエヴォリューション誌に投稿した。通常、この雑誌に投稿された論文の査読は、三名の匿名査読者によって行われるが、そのうち名前を明かした査読者の一人は、スティーヴン・グールドだった。

「私はこの論文を楽しんだ」、という文章で始まるグールドの査読レポートは、論文の内容を絶賛するものだった。一泡吹かせた、とまでは言えないかもしれないが、少なくとも師から課されたミッションは果たせたのではないか、と思う。論文は査読者から求められた一部の改訂を済ませた後、無事に受理され、雑誌に発表された。

まさかの未来

経緯を振り返ってみると師のやり方は、どう転ぶか分らぬような実験的なテーマ設定とは裏腹に、一山当てようとするような、短期的な成功を求めるのでなく、より長期的な視点に立ち、研究の試行錯誤的かつ段階的な発展を期待する、ギャンブラーとは思えぬ堅実な指導方針だったと思う。

残念ながら現在では、このような古き良き時代の指導法は難しくなった。文科省の方針により、各大学、各部局が研究業績の数量評価による競争にさらされ、大学院生は競争に打ち勝つための兵士となってしまったからである。彼らは大学と部局の外部資金獲得のため、短い期間に確実により高頻度に引用される論文を出さねばならない。そのため、流行《はや》りの分野の流行りのテーマで教員の指示通りに研究を進め、予想通りの成果を出すことが求められる。実験的、挑戦的な研究は嫌われ、学生のステップアップに欠かせぬ基礎づくりの論文は、往々にして教員に発表を拒否される。なぜならそうした論文は一般に被引用数が低く、大学や部局の重要な評価指標、つまり競争に勝つための指標である論文被引用率を下げてしまうからである。研究が競争に勝つための手段に堕してしまったのだ。これでは、若い研究者が育たず、大学の研究力と科学のレベルが低下するのも当然である。

まだ日本の科学が隆盛を誇っていた二〇〇〇年代初頭、師はこうした大学の劣化と科学の衰退がいずれ起きるかもしれないと予期し、国立大学の独立行政法人化から続く大学改革がその契機になるとして、それを痛烈に批判していた。だが当時、その意見に同意していた科学者は、残念ながら決してそう多くなかったと記憶している。

生物進化は神の設計図通り、計画的に進むわけではない。数多の偶然に左右されつつ、辿ってきた歴史の過程で獲得されたさまざまな性質の継ぎ接ぎ、使いまわし、組み合わせにより、試行錯誤的に進む。人生もそれと似ているように思う。少なくとも私の修業時代はそうであった。恐らくは科学の発展も同じであろう。科学的思考は問題の抽象化と、仮説の論理的な実証により行われるが、科学の進み方は決して論理的でも計画的でもない。試行錯誤的で、往々にして既存のアイデアや知識の組み合わせ、継ぎ接ぎで新しい技術や発見が生まれ、偶然も無視できない役割を果たす。

それゆえ、流行りかけの科学の短期的な未来は予測可能かもしれないが、将来どんな科学が流行るかなど、正しく予測できるはずがない。予測できないにもかかわらず、今流行りの研究が未来も流行ると思い込んで、投資を集中することほど愚かな話はないのである。
実際、大学一年生の時から四〇年ほどたった今、かの教授の予言を振り返ってみると、一部は確かに当たっているが、他は的を外している。分類学や生態学は分子生物学の手法を取り入れて、全く新しい発展を遂げた。生物多様性の保全が社会的に重要な課題となるなか、その担い手としてこれらの分野はますます重要性を高めている。

いや待て、確かに将来どんな科学が流行るかを予測することはできないかもしれない。だが社会の中で、将来どんな科学の成果が役立つかは、予想できるはずだ―そう主張する向きがあるかもしれない。果たして本当にそうだろうか。

私は学位取得後も、専門分野を生物学に移しつつ、小笠原の固有陸貝の研究を続けた。その成果は進化学に貢献したが、その時点では何ら社会的、経済的な利益をもたらしはしなかった。その意味では「役立つ研究」ではなかった。ところがである。二〇一一年、小笠原諸島が世界遺産登録を成功させたとき、その決め手になったのが、私の陸貝研究の成果だった。

世界遺産登録により、それまで過疎化が進んでいた小笠原村の人口は上昇に転じ、平均所得と出生率も向上、産業も活性化し、今では世界遺産が島の経済を支えている。世界遺産のアイコンである陸貝の研究成果は、島民の暮らしの向上に、大きく貢献したのである。

だが私はこんな経済的効果を予測して、その研究を始めた訳ではない。もちろん島の人々には、さまざまな形で支援を受けたが、だからと言って人々の暮らしに役立たせようとして、その研究を進めたわけでもない。役に立ったのは、あくまで結果論である。まさかそんな未来が待っていようなどとは、夢にも思っていなかったのである。

さて、時間を巻き戻そう。

私の五年間に及ぶ大学院生活も、終盤を迎えつつあった。私はそれまでの成果をそろえて、博士の学位論文をまとめ、提出した。論文内容のレビューと口頭試問による学位審査も滞りなくパスし、博士の学位を授与されることになった。師はよく頑張ったな、と短く、しかし嬉しそうに祝福してくれた。

博士取得を証明する学位記の免状は、大学院の修了式で授与される。その年の修了式は、大学のシンボルとされる由緒ある講堂で行われる予定になっていた。地質学科では、私の代の博士課程在籍者は非常に少なく、その年の修了者は私一人だった。偶然にも、その年の地質学科主任教授は、私の師であった。講堂の壇上で、修了者に学位記を手渡すのは主任教授である。つまり、私は栄えある学位授与式で、全学の数多の卒業生が見守る中、壇上でただ一人、わが師から学位記を手渡されるのである。

午後一時から開始される学位授与式を前に、地質学科のセミナー室では、修士と博士の修了者を祝福する昼食会が開かれた。食事とワインが用意され、立食形式のパーティであった。参加した教員や後輩らの祝福を受けて、勧められるままワインをぐいぐい飲み、私はすっかり上機嫌になった。

頭に浮かんでいるのは、この後に始まる学位授与式のシーンだった。師に感謝の気持ちを示すには、最高の舞台である。師からただ学位記の免状を受け取るだけでなく、何かパフォーマンスがしたい。壇上に上がっているのは私とわが師のみ。だから、並み居る観衆に向けて、わが師こそが最高の師です、と短い演説をしよう、などと考えていた。

これから始まる感動的な場面を思い浮かべ、私は教員や後輩から勧められるまま、ワインをぐいぐい飲んだ。そうしてすっかり気持ちよくなり、ふらりと廊下に歩み出たのを覚えている。

それからどのくらいたっただろう。ふと目を覚ましたとき、私はひっそりと静まり返った空き教室の一番隅で、床に横たわっていた。どうやら酔って廊下をふらついているうちに、空いた教室に入り込み、そのまま床で眠り込んでしまったらしい。

窓からは、オレンジ色の夕日が差しこんでいた。その光は、学位授与式も含めて、その日にあるはずだったことが、すでに終了したことを意味していた。きっとあれから皆、私を探したはずだ。でもまさかこんな所で眠っているとは思わず、誰も見つけられなかったのだろう。

私は、少しずつ赤味を増してゆく日の光を眺めながら、ぼんやりする頭で、また何か非常にまずいことをやらかしてしまったらしい、と思ったのである。

対話と理念で組織を導いたリーダーの道

羽入佐和子
はにゅう・さわこ
哲学研究者。
お茶の水女子大学名誉教授・元学長。
前国立国会図書館長。

はじめに

国立国会図書館長就任の会見で、記者から次のように質問されました。

「初めての女性の国立国会図書館長として何をなさるつもりですか」。

この問いは、私のこれまでとこれからについての問いのように思われました。それは、これまでどのように組織を運営して来て、これから何をしようとしているのかという問いであり、さらに、女性であることを意識させる問いのように思えたからです。

そしてこの問いへの答えは、本書のテーマに合致していたような気がします。とはいえ、私の「修業時代」は今なお「修了」するに至っていません。そこでこれまでを顧みることで、「修業」というか、「学び」についてお示しすることにします。

すると二つのことが特徴的だったことに気づきました。一つは、人との出会いや交流を通して多くを学んできたということ、もう一つは、それぞれの組織で常に理念を求めてきたことです。この二つを説明するまえに、簡単に自己紹介をさせていただきましょう。

自己紹介

私は大学と大学院で哲学を学び、教育と研究に従事してきました。その傍ら、国立大学法人お茶の水女子大学副学長兼附属図書館長として大学運営に関わりはじめ、後にお茶の水女子大学の学長に就任し、このとき国立大学協会副会長もさせていただきました。学長退任後は理化学研究所の理事を経て、国立国会図書館長を四年間勤めました。

国立大学協会でも女性の副会長は初めてでしたが、立法府の組織として唯一の国立図書館である国立国会図書館長では初めての女性館長であったことから、冒頭のような質問を受けたのだと思います。現在は、帝京大学に二〇二一年に新設された先端総合研究機構の特任教授として、再び研究に関わらせていただいています。

育った環境はというと、母が若いときに教育関係者でもあったせいか、父も、男女の別なく、子どもに教育を受けさせるのが最大の財産、と言っていたのを記憶しています。そのような家庭で育ちながら、実は、学校はあまり好きではありませんでした。家の居心地がよかったからかもしれません。小学校の頃は、家が学校に近かったので何人もの友達が朝迎えに来てくれて、それに励まされて登校していたような気がします。今思えば、これが人とかかわることで助けられた最初の経験でした。

高校時代には、宇宙が無限であることに驚異を覚え、「想像を超える広い宇宙の中で、自分は何と小さな存在なのだろう」、「一人ひとりはどんな存在なのか」と、考え始めていたように思います。自分の中ではこの問いと関連しているのですが、高校時代はコンピューターやロボットに関心をもっていて、理系クラスに進学しました。当時は、答えが明らかな教科が好きだったこともその理由です。

その頃はまだコンピューターは大型が主流で、その後、徐々にパーソナルコンピューターも普及し始め、ロボットが身近な存在になりつつありました。そこで、ロボットと人間の違いはなくなるのだろうか、違いがありつづけるとすれば、最終的に人間に特有な性質は何か、などと問いながら、科学技術の発展と人間の関係を考え始めたことが、大学で哲学を専攻するきっかけになりました。そして、哲学を学ぶ過程で、「理念」という用語に出会い、以来、「人」と「理念」とが、新たな組織で仕事に着手する際の基本姿勢になっていきました。

思考を学ぶ

今でも、人間が知りうることには限界はあるのか、人類の際限のない知的探究心によって急激な発展が続いている科学や技術の有効性や利便性と人間の在り方はどのようにかかわるのか、といった問題意識を持ちながら、一人ひとりの存在とは何か、を問い続けています。

そして、この問題を解く鍵もまた、人と人との関係や理念を追求する人間の在り方を問うことにあるのではないか、とも思うのです。

哲学を学び、この問題を考える手がかりは、カント*とヤスパース**から得られるように思い、その思考の理解に努めてきました。「批判哲学」を提唱したイマヌエル・カントと、精

*カント（1724-1804年）
Immanuel Kant　プロイセン（ドイツ）の哲学者。『純粋理性批判』、『実践理性批判』、『判断力批判』の三書により批判哲学を提唱。

**ヤスパース（1883-1969年）
Karl Jaspers　ドイツの哲学者、精神科医。実存哲学の代表的論者の一人。

神病理学者で医師でもあり、「実存」の哲学者といわれるカール・ヤスパースです。

偉大な哲学者であるカントの思想を一言で表すのは困難ですが、私が理解するカントは、「人間の知ること」には限界があることを明確にし、同時に、「人間が知り得ないこと」についても積極的に言及した哲学者です。

例えば「理念」は、人間が知ることのできる対象なのではなく、むしろ人間が希求する対象と考えられています。そして、「知ること」に関しては「認識の形式」を示した点が特徴的です。人間が物事を知るときの形式や尺度のようなものを示したといえるかもしれません。人が知ることができるのは、人におのずから備わっている形式によると考えます。

カントはまた、人間について四つの問いを立てています。「人は何を知ることができるか」、「人は何を為すべきか」、「人は何を望むことが許されているか」という三つの問いと、これらを総括する問いとしての「人間とは何か」です。

この内の、「何を望むことが許されているか」という観点から論じられるのが、「理念」です。それは、知ることではなく、望む対象、求める対象を意味します。人は、思考したり、行為の判断をしたり、願望を抱いたりします。その過程で、話がかみ合わなかったり、敵対したりすることがあるのが日常的です。そうした時、それは知識の話なのか、行為の話なのか、願望なのか、を区別することが有益な場合があります。あるいは、同じ知識の話でも、どの形式や尺度で考えているのか、を明らかにすることによって、お互いが理解しやすくなる可能性もあります。

この視点は、実際に議論する時のことと考えると有効なように思われました。また、人間が知ることには限界がありながら、「理念」という表現を用いて「知ること」を超えた議論を試みた点にも私は関心を持ちました。

そして、ヤスパースの考え方は、私の問題意識と近いこともあって少し思い入れがあります。彼は、一人ひとりを「特殊な個人」と見なすことと、「人間一般」と見なすことの違いに着目した思想家です。

そもそも精神病理学者だったヤスパースは、可能な限り科学的に理解しようと努めます。その場合は「人間一般」を対象としますが、その一方で、精神病理学の医師として臨床経験を積む過程で、一人ひとりを特定の医学的専門領域から診断するのでなく、一人の人間として全体的に把握する必要性があると気づき、その視点から精神病理学を構築し直した人物です。ヤスパースが、一人ひとりの人間と人間一般を区別することの重要性を指摘している点は、私が子どもの頃から抱いていた問題意識と共通していました。

「どうして一人ひとりが大切なのか」。この問いは未だに解決できていません。人間の尊厳、個人の尊重は何より大切です。ですが、「なぜ?」と聞かれても明快に答えられないのです。そして思うのは、この問いは理論的に、あるいは科学的に答えを求める類の問いではなく、むしろ無前提に承認すべき次元の問題なのではないか。カント的に考えれば、求めるべき理念としか言いようのないものなのかもしれないとも思うのです。

理論的に説明できることに加えて、それを超えたことがありうる、というのがカントの発想でした。自然科学の世界では、説明できること、確認できることを対象としていますので、それを超えるものについては、存在しない、と言い切ることもできるでしょう。哲学では、それらについても言及することがあります。あるいは、そこにこそ哲学の特色があるという考え方もありえます。

ヤスパースの哲学でも、科学の対象となりうる人間に加えて、科学では捉えられず、「存在しない」ともみなされる「特殊な個人」の個別的な特性が、「実存」として論じられます。そこで、「実存の哲学」と表現されます。さらに、ヤスパースの哲学では、人と人との関わりによって一人ひとりの存在を考える点に特徴があります。人と人とのかけがえのない関係から、「特殊な個人」としての人間の存在を示そうとする試みであり、「交わりの哲学」とも言われます。

思い返すと、私自身、人との関係に支えられながら理念を求めてきたのは、これらの哲学的な思考を学んだことと関係しているのかもしれません。

出会いと交流

学問だけでなく、大学では専門を同じくするお二人の先生との出会いが私にはことのほか大きな意味をもちました。

カントやヤスパースなどの哲学から学んだこと以外に、私の思考を鍛えてくれたのが、同じ哲学科の土屋賢二先生と吉田夏彦先生、そして、学生たちです。

土屋先生と吉田先生は日常的に議論をしていて、常に哲学的に精緻な論理性を追求しながら、話題は多岐に亘りました。そこに私も加わらせていただくことが多くあり、予想を超えた展開になる議論にも抵抗はなくなりました。この経験は私の貴重な財産です。

また、学生たちにも鍛えられました。学生は思考が柔軟で、驚くような発言をします。とくに、分野を異にする学生が対象のゼミでは、学生の関心を聞いたうえで、それらを哲学的なテーマにアレンジしてディスカッションしていく形式で授業を進めました。その際に私が学生に求めたのは、自分のこれまでの考え方とは違った考え方を試みることでした。それは結局、私自身にも新たな発想を齎すことになりました。

学生の瑞々しい思考に多く刺激を受け、学生たちが「先生の授業は凄く頭が疲れるけど、とても楽しい」と言ってくれたのは私の大きな励みにもなっていました。私自身もその授業ではかなりのエネルギーを使って、新しい思考回路を見つけようと努力をしていたような気がします。

ある時、社会人になった卒業生が研究室を訪ねてきて、「先生、哲学って役に立つことがわかりました！」というのです。聞いてみると、お客様相談室にいたとき、その対応はなかなか難しかったものの、お客様の多様な要望にも戸惑うことがなかった、それは授業で常に議論し、思考を深めてきた経験があるからだ、と彼女は考えていたのです。哲学がこのような仕方で実際の仕事にも役立つことを卒業生に教えられました。確かに、そうかもしれません。

他には、何年間か非常勤だけで生計を立てていた友人たちにも大いに助けられました。博士の学位を取得してからしばらくは非常勤講師をして過ごしました。哲学の分野では非常勤でさえ職を得るのは難しいことでしたので、私は恵まれていた方です。

その頃は、研究を続けることの難しさを痛感しながらも、同じ境遇にいる人々と知り合い、お互いに励まし合うことで挫折せずに済んだように思います。あちこちを非常勤講師として飛び回っていた時の、いわば同志のような存在がいたことは救いでした。

大学の附属図書館で

助教授、教授の時には学生や同僚との対話を楽しみながら、議論を通して哲学的な鍛錬をさせてもらっていましたが、思いがけないことに、副学長兼附属図書館長に任命されたことは私の大きな転機になりました。

大学の運営に関与する立場になってまず着手したのが、附属図書館の運営の見直しでした。当時、附属図書館は必ずしも大学の主要な組織とはみなされていませんでしたが、私自身は、大学図書館は大学を象徴する存在、いわば大学の「顔」のようなものと考えています。

そこで、新たな図書館の在り方を見出すために、図書館の職員の考えを聞き、職員と一緒に図書館の理念を模索しました。大学の図書館として目指すところを言葉で表現しようと考えたのです。そして半年後には次のような「理念」が完成しました。

「お茶の水女子大学附属図書館は、時間と空間を超える知的交流の場であり、次世代の知を創造し発信する学術情報基盤として機能する」

この理念を基に、さらに空間構造も見直して、図書館の改革に着手することになりましたが、それが可能だったのは、何より、職員と共に語り合うことができたからです。

理念の作成の前提となったのは、有能な職員との出会いと交流であり、これが私にとって大きな力となりました。そしてさらに、得難い出会いもありました。図書館に対する高邁な理念を持ち、理想的な図書館の実現に長年尽力してこられた雨森弘行先生です。先生との出会いなくしては大学図書館の改革はなしえなかったとも言えます。この時、図書館はいかにあるべきかを教授していただけたのは、国立国会図書館を含め、その後の図書館での私の活動を支えてくれました。

職員とともに作成した図書館の理念は、以来、図書館の入り口に掲げてあります。理念があると行動の仕方も明確化になり、具体的な活動が可能になります。そして次には図書館の空間を見直すことにしました。

その時のテーマは「共に在ること」です。これを具体化するために、図書館では、「共に学び、共に成長する」空間となることを目指しました。これは先に定めた理念を実現するためのもう一つの理念とも言えます。そして実現したのが、いわゆる「ラーニング・コモンズ」です。

図書館内部のこのスペースは館外からでも見えるようにし、八〇台ほどのパソコンを設置して、誰もが自由に使えるようにしました。そこは、先生や先輩も訪れて学生たちと自由に語り合えるスペースでもあり、また学部を超えて、学生たちが集う場にもなりました。「共に学ぶ」場です。

ここに来て、未知の人ともコミュニケーションが生まれ、互いに刺激し合いながら「共に成長」していって欲しいとの願いを込めました。窓越しにラーニング・コモンズのスペースが見えるために、今誰がいるか、パソコンがどのくらい空いているか、などがわかります。今は混んでいるから後にしようとか、何か議論をしているから参加してみようとか、館内の様子が見て取れるような工夫を施してスペース内を可視化しました。

また、ラーニング・コモンズに隣接していた事務室との境目をガラス張りにしたことで、学生には、職員がどのような働き方をしているのか、職員には、学生がどんな動きをしているのか、お互いに身近に感じられるようにしました。さらに館長室も見通せるようにして、物理的に透明化してしまいました。境をなくすことは、壁をなくすことでもあり、物理的にも精神的にも新たな広がりを齎すことになるようです。

ラーニング・コモンズに接して、お茶も飲めるキャリア・カフェのスペースを作り、そこは、卒業生が学生の就職相談に乗ったり、先輩たちの生の経験談がまるでストリートライブのように披露されたりもする場になりました。その傍らを図書館の利用者が通って行きます。文字通りオープンなコモンズです。

奥に進むと、従来の図書館と同じように静かに蔵書を閲覧するスペースがあり、さらに奥まったところは大学院生たちが静かに研究に没頭できるスペースにしました。こうして、利用目的によってスペースを区分するレイアウトが実現しました。

図書館の雰囲気はすっかり変わりました。以前は学部が違うと学生たちの交流がほとんどなく、図書館での学生と教授の交流もそれほどありませんでしたが、ラーニング・コモンズを中心に、図書館は、学生、教員、事務職など、立場を超えたコミュニケーションの場として見事に活性化して行ったことは予想を超える変化でした。ラーニング・コモンズは現在、多くの大学図書館でも取り入れていますが、国立大学でこれを実現したのはお茶の水女子大学が初めてだったように思います。

学長としての改革

副学長を四年間勤めたのち学長に就任しましたが、責任をどうにか果たせたのは、大学教育に理解があり、見識の高い「大学経営協議会」の委員の方々の貴重な助言があったからでした。

法人化された国立大学の学長は、教学の責任者であると同時に、経営の責任者でもあります。研究者としての経験しかない私には、経営者の視点でも考えることが必須になりました。この点で、学外の企業や組織を担う経営協議会の委員の方々から組織マネジメントの手法やトップとしての姿勢、経営状態を示す数字の示し方や捉え方など、多くのことを教えていただけたことは私にとってこの上なく心強いサポートでした。

学長になって最初に気づいたのは、学長というポジションの影響力、特に発言がもつ意味です。それは、発言の意図が正しく理解されることの難しさでもありました。そこで、言葉はシンプルにすること、そして、意図することは必ずしも全部伝わるわけではないと覚悟しておくことを心がけました。「トップは同じ表現で繰り返していう」とか、「現場に足を運ぶ」といわれますが、その意味が少し分かった気がします。

また、とても小さなこととして、私は研究者でしたので勤務時間という考え方が身についていませんでした。そのために職員に伝えたいことがあれば時間を気にもせずに深夜でも土日でもメールを送っていました。受け手は都合のよいときにメールを開けばよいと思っていたのです。ところがある時、「経営者は、社員に急いで何かを伝えたいときでも、勤務時間まで待つ」という話を聞き、大いに反省したものでした。

以来、職員にメールをするのは勤務時間内にしましたが、それだけでなく、共に組織を担っている職員の立場を常に念頭におくようになりました。このことは、職員に支えられて職員と共に組織を運営する、というその後の基本的な姿勢を学ぶきっかけになったように思います。

組織のリーダーという立場で六年間に学んだことは、組織マネジメントの三つの要素です。それは、事実の確認、議論、そして理念です。つまり、現状の把握を前提として、立場を異にする人々と意見を交換すること、さらに、実践するには目指すところを共有することです。特に、議論して共通の理念を作ることが一つの重要な手立てでした。それを基盤にして、課題を評価し、判断し決断してきたように思います。

その一部をご紹介します。

まず、附属図書館長の時に着手し、目に見えて成果があった「共に在ること」という考え方を拡大し、「共に学び、共に成長する」に、「共に住まう」を加えて、この理念の下で、学生寮を新設しました。この学生寮は、住むだけでなく、学び、成長するための「教育寮」で、名付けて〝お茶大SCC（Students Community Commons）〟としました。ラーニング・コモンズのハウス版です。

この学生寮の特徴は、五人が一組になり、それぞれの個室はあるものの、共有スペースに集うことを基本としたファミリースタイルです。一学年五〇人の定員なのですぐに埋まってしまいましたが、これが好評で他の大学からも頻繁に見学に来ていただきました。また、理念を現実化した建物として、日本デザイン振興会が主宰するグッドデザイン賞（住宅部門）も受賞しました。

学生たちは「共に住まう」ことで、他人との距離の取り方を身に付け、意見の違いや他人を認めることによって自分も成長する、など、授業では学べないことを修得できるようです。寮に帰ると「おかえり」と言ってくれる人がいてとても心が安らぐ、という発言を聞いた時には、「なるほど」と納得したものです。

また、入試改革にも着手しました。お茶大のＡＯ入試は既に高い評価を受けていましたが、それをさらに発展させるように構想したものです。

それまでのＡＯ入試は二日間かけて行い、一日目は同一テーマについて日本語で文系と理系の講義を聞いてレポートを書きディスカッションし、二日目は英語で講義を聞いて、レポートを書く、というものでした。受験生にはとてもハードな入試で競争率も高かったのですが、合格者不合格者に関係なく、受験生からは、「もう一度受けたい入試だった」、「二日間で自分がとても成長した感じがする」などというコメントが寄せられました。「試験だということを忘れるぐらい楽しかった」という意見もありました。

そこで、この入試方法をさらに発展させて、入試改革の第二ステージともいえる新しい入試制度、「総合型入試制度」を創りました。通称「新フンボルト入試」です。この名称は、ベルリン大学の創設者で、大学での教育を、普遍的な人間像の育成の場と考えたヴィルヘルム・フォン・フンボルトの名前から取っています。

フンボルトは、大学では既存の知識を教え込むのではなく、むしろ、知を応用する力を醸成することが重要であるという考えでした。この考え方を参考にして「総合型」の入試方法を考案しました。

理系は実験室の実験を通して、文系は図書館で自由に資料を参照して課題に取り組み、いずれの場合も、レポートの作成や議論を通して、主体的な学びを自ら実践する入試です。そのため、「実験室入試」、「図書館入試」ともいわれます。この入試方法は、大学側にはとても手間のかかる入試方法ですが、将来有望な伸びしろのある学生を発掘するためには有効な方法と自負しています。

さらに、入試改革と並んで、カリキュラム構成と教育評価の改革も行いました。

カリキュラム構成として、広く深く学ぶことができるように、履修の選択肢を拡大した「複数プログラム選択履修制度」を設けました。学生にとって、大学での学びは、後の社会生活の潜在的な力をきたえることを意味します。

そこで、専門を深く学ぶこともできれば、特定の専門を核として周辺領域の知識を学ぶこともできるようにしました。学生の選択の幅を広げたのです。将来を考えれば、大学時代に、専門を深くかつ、広く学ぶことができるとすれば、それはいっそう好ましいことと考えたからです。

また、教育成果の評価の仕方に関しては、学生が大学で何を如何に学び、専門性をどのように高めたか、どのように成長したか、を明瞭に示すために、「カラーコードシステム」を導入しました。

このシステムでは、科目ごとに難易度を色分けしたカラーコードを付与し、履修した科目が難度の高いものなのか、入門的なものなのか、を明らかに示しています。高度な科目で優秀な成績なのか、難易度の低い科目で優秀なのかは区別して示される必要がありますし、それによって学生自身が自らの成長を見届けることも期待できます。

これらの改革は、教員や職員との根気強い議論なくしては実現できなかったと思います。この点でも、主張を異にする構成員の交流は極めて貴重なものでした。

お茶の水女子大学は国立の女子大学であることから、特に女性のリーダーを育成するという使命もあります。そこで、「女性リーダー育成プログラム」を実施してきました。その際にもやはり、共通の理念の下にプログラムを開始しました。その理念とは、「知識」と「見識」と「寛容」です。

「知識」は、文字通り歴史的に蓄積されてきた知識であり、客観的に伝達する知識です。

それに加えて、適切に判断できる能力として「見識」が必要だと考えました。単に知識があるだけでなく、その都度の状況を判断し、知識を適切に適用できる力です。そしてさらに、独断的にならずに他の意見や他の人の立場を理解しようと努める姿勢、つまり「寛容」であることが、リーダーとして身に付けてほしい素養と考えてきました。

翻って考えると、この三つの素養を身に付けた学生を育てるために、学生寮を新設し、教育体制や入試制度を改革して、全体的な改革に取り組んできたようにも思えてきます。

理化学研究所では

学長を退任した翌年、理化学研究所の理事に就任し、その時にも理念を作りました。理化学研究所には三〇〇〇人以上の研究者が所属していて、研究センターや研究チームなど、おおよそ五〇程の組織があります。各研究者が独立して自由に研究できる環境を整えることを旨としていて、研究者は溌溂と研究しています。その雰囲気はとても貴重です。同時に、このことを理解した上で、一つの国立研究法人として外部にその姿を示す必要もありました。

そこで、当時の理事長松本紘先生の下で、研究所の目指すところを示す何かまとまった表現を探ることになりました。私の理解では、それは研究所の「理念」を見出すことでした。一九一七年に創設された理化学研究所は、翌々年に一〇〇周年を迎えようとしていた時でもあり、その記念すべき年を迎えるにあたって理念を創設することになったのです。

お茶の水女子大学の附属図書館長や学長としての経験から、理念の重要性や有効性は実感していました。そこで、研究所のほぼすべてのチームやセンターを訪問して議論を重ねました。「理研で何か一つ目指すべきものを表現するとしたら、それは何か」と。

「理念」は組織の幹部が発案するものではなく、組織の構成員の声の中から見つけ出すものだと考えています。議論の過程で組織の多くの人々と何らかの関わりができるからでもあります。そう考えて、大学の図書館長や学長時代には時間をかけて職員の人たちと対話を繰り返してきました。

その経験もあって、理化学研究所でも半年程かけて研究組織の研究者と対話を繰り返しました。もちろん、「目指すべきものを一つに集約することはできない。いや、すべきではない」という意見もありました。それでも、自由な一つの研究組織としての理念の必要性を多くの研究者が理解してくれました。そして、創立一〇〇周年前年の二〇一六年に、「科学道」という理念を発表するに至りました。

この時に最も支えとなったのは、やはり研究所の職員や研究員でした。理系の国立研究所の雰囲気に不慣れな私に対して、極めて協力的に、研究所を訪ね研究員と対話する手はずを整えてくれた職員に、そして私の問いかけに熱心に答えてくださった多くの研究者に感謝しています。わずか一年間で、ほぼすべての研究センターを訪問し、議論し、理念の作成にまで至ったことは奇跡のようにさえ思えます。

私はどのような場面でも対話や議論を大切にしてきたつもりです。組織が変わるたびに新たな知識や人脈の構築が求められましたが、その時の私には対話を繰り返すことこそが、進むべき道を見出す方法でもあったからです。本音を言えば、「何とか知恵を授けてください」と願うような思いでした。

大学の時にも、同じように、率先して改革に取り組んでくれた人々がいましたし、私は周りの方々に支えられ育てていただいたとつくづく思います。

国立国会図書館の場合

そして二〇一六年、全く思いがけないことに国立国会図書館長に着任しました。大学の附属図書館長の経験しかない者には難しいであろうと感じてはいましたが現実は予想以上のものでした。

大学附属図書館と国立国会図書館は「図書館」ではあっても、設立の趣旨も規模も大きく違います。何より、国立国会図書館は立法府の組織で、一九四八年に制定された国立国会図書館法には、設立の使命と目的は次のように定められています。

まず前文には、その使命が次のように記されています。

「国立国会図書館は、真理がわれらを自由にするという確信に立って、憲法の誓約する日本の民主化と世界平和とに寄与することを使命として、ここに設立される」

また第二条には、目的について、

「国立国会図書館は、図書及びその他の図書館資料を蒐集し、国会議員の職務の遂行に資するとともに、行政及び司法の各部門に対し、更に日本国民に対し、この法律に規定する図書館奉仕を提供することを目的とする」とあります。

私は事あるごとにこの高邁な使命に常に立ち戻って物事を判断するように心がけました。

この使命を遂行するためにはまず、この組織は不偏不党の姿勢を貫く必要があります。そして、それによって公正な議論ができるように尽力しなければなりません。そして、不偏不党の立場を保ち続けるには、当然ながら高度な判断を必要とします。国会議員の政治的立場は様々で、その方々に対して、決して偏ることなく、それぞれに有効な客観的資料を整えるには個人的な意思をできる限り控えて慎重でなくてはならないからです。

また、国会に奉仕する図書館としては、国の将来を審議する国会の議論に資する資料や情報を提供するために、資料・情報は正確で客観性の高いものが必要とされます。純粋に情報を提供すること、偏りなく解釈を示すことは大学図書館と変わりないものの、立法府に属する図書館は学問の世界と違い、政策に関わる可能性があります。ですので、その責任の大きさは計り知れません。

そして、組織の使命は、「憲法の誓約する日本の民主化と世界平和とに寄与する」と明確に示されています。とはいえ、この「使命」を日々の業務にかかわらせるのは簡単ではありません。その隔たりはあまりにも大きく、職員にとっては、「今の作業が、世界平和とどう関係するのか理解できない」と思うのは当然です。

確かに国立国会図書館は「民主主義と世界平和に寄与する」ために創設されたことは理解しても、あまりにも崇高なため、日々の業務がどう役立っているのか、この使命のために自分たちは何をしているのかは実感として分かりにくいのです。そこで、職員が業務内容を実感できるような国立国会図書館の「理念」を作ろうと思い立ちました。

大学や理化学研究所で、理念を作る大切さを実感していたこともあり、国立国会図書館でも試みようと考えたのです。創設七〇周年を迎える国立国会図書館には「使命」は課せられていましたが、理念のようなものはありませんでした。

国立国会図書館は専任の職員が九〇〇人程で、非常勤のスタッフを入れると一〇〇〇人を優に超える組織です。理念を作ることも想定して、それまでと同様に、職員との対話から始めました。大学でも理研でも、若い人達が頼りになるという実感があったので、まず若手職員に会うことにしました。そのあとで、係長、課長、部長と、職階毎に職員と会話をする機会を設けました。

すると、予想通りこのような声がありました。

「国会図書館で働いていても、何やっているの？ と聞かれると、うまく答えられない」と。そこで、「ならば、なにか目指すものを作りましょう」ということになりました。

次々と対話を進める過程で、「ユニバーサル・アクセス」という理念を提案するに至り、職員から賛同を得て、これを中期計画の理念として掲げることにしました。

「ユニバーサル・アクセス」は、文字通り、誰でもどこからでも、そしていつでも図書館資料にアクセスできる、という意味を込めています。これは職員がこれまで当然為すべきこととしてきたことですが、言葉として明確に自覚してはいなかっただろうと思います。自らの活動の目標を一言で表すことによって、具体的な仕事の意図も明確になり、相手にも伝えやすくなります。言語化は難しいですが、大切です。

多様な職階の職員との対話を始めてから「ユニバーサル・アクセス」という言葉に収斂

させるまで、半年ぐらいはかかりましたが、少しは新しい雰囲気を創り出せたかもしれません。

職員と対話していた時に少し緊張したことがありました。こんな言葉をかけられたのです。

「館長は職員と話したいと仰っていますが、短い時間で話が通じると思いますか」と。

私はこの質問に驚くと同時に大いに興味を持ちました。

若い職員にとって、館長は直接会って話をするような存在ではなかったように聞いていましたので、館長にいきなりこうした言葉を投げかけてきたことにまず驚きました。そして次の瞬間には、きっと忌憚なく発言してもよさそうだ、この人は率直にものを言っても大丈夫な人のようだ、と受け取られたのかもしれない、と解釈して、少し嬉しくも思ったのです。

私はこう返しました。

「長い時間をかけたからいいとか、お酒の席だから話が通じるわけではないのではないでしょうか。時間の長さが問題なのではなくて、たとえ短時間でも、直接会って対話することが大事だと私は思います。もちろん、もっと時間があるとよいのですが」と。

組織外から突然着任したトップが力をもってマネージする仕方もありえますが、私自身はそうならないように心がけていたつもりではありました。ですが、どうだったのでしょう。実際のところはよくわかりませんが、大学でも、理研でも、国立国会図書館でも、周囲の職員や教員は本当に寛容でした。職員一人ひとりと話すことを許してくれたことはその証しのように思います。

いくつもの組織での経験を顧みて、今改めて気づくのは、人との交流によって励まされ、多くを学んできたということ、そして同時に、組織運営のためには組織のメンバーと共に理念を掲げることの重要性です。特に理念は、具体的な活動のための指針となって、組織の運営に有効なのだと改めて感じます。

女性として（?）

ところで、国立国会図書館の館長に就任した時に問われたことに、「女性として」という表現が含まれていました。「女性として」を敢えて話題にするとすれば、今も心に残る情景があります。

学生時代に、先生に勧められて哲学のある学会に参加した時のことです。会場に入るとそこに参加していたのはすべて男性で、その光景に驚いて引き返そうかとも思いました。

女子大に居たためにことのほか強くそう感じたのかもしれません。

その経験をしてから、学会や会議に参加する時は保護色のようになるべく控え目な色の服装で臨むようになりました。男性の服装はほとんど黒かグレーですので。それでもなお、「女性、一人ですね」と言われることもあって、それは少し気の重いことでした。

他方、外国での学会に参加すると、女性も多く、「女性」を意識させられないで済みます。話題は当然研究が中心で、女性、男性という意識には至らないように思えて居心地良く感じました。

女性の活躍については、大学は、優れた女性が社会で活躍できる環境を整え、それを提案することが重要な使命であると考えています。そして、リーダーシップ教育は、単に女性の役職者の割合を増やすため、というより、人間が真の意味で豊かに生きる社会を築くことが目的であり、女性に限らず、真のリーダーを養成し、社会に送り出す試みと考えていました。

質問への答え

冒頭に紹介した記者からの質問は、次のようでした。

「初めての女性の国立国会図書館長として何をなさるつもりですか」。

この問いには、次のように答えた気がします。

「これまで、いくつかの組織で新しい試みをしてきました。初めての、ということでいえば、今の組織に何か一つでも新しいことを実現したいと思います」。

果たしてこの回答通りにできたか自信はありませんが、多くの職員と対面し、できるだけ多く対話を試みて、共に目指す理念を提案することだけはできたといえるかもしれません。

学長時代、その後の理化学研究所、そして国立国会図書館でも、新しい手法を取り入れたためか、「改革派」と見られることもあるようですが、私自身は改革することを目的としたわけではなく、どうすれば組織の在り方や職場の環境が改善されるか、という発想で行動してきたつもりでした。

人との出会いを大切にして、どの組織でも対話を積極的に試みてきた私ですが、今でも忘れられない子どもの頃の思い出があります。

確か小学校の高学年の時だったか、通知表に「社会性がない」と書かれていました。その時はとても驚き、ショックでした。

友達に誘われて学校に行くような子どもでしたが、学校に馴染もうと懸命に努力していましたし、友達たちからも慕われているように感じていたからです。とはいえ、先生は私の本心を見抜いていたのかもしれません。確かに、友達と楽しく遊んではいましたが、心のどこかで、「何で自分がいるのだろう？」と、漠然と考えてもいたように思うからです。

学長や館長の頃、「実は私、子どもの頃に社会性がないと書かれて…」というと、「嘘でしょ！　信じられない」と驚かれました。ですが、私が人とのかかわりを大切にし、対話を心掛けてきたことは、それを裏付けているのかもしれません。

まとめとして

先行きが見えないとき、まず人と対話して何か手がかりを探り出そうと努めてきたのは、自分が置かれている場の確かさに必ずしも安心できなかったからのようにも思います。そして、そうした態度が身に着いたのは哲学を通じてかもしれません。哲学は、確かなものを獲得することで完結する学問ではないからです。

議論は、安定した状態を問い直すことによって事態を不安定にしてしまう可能性があります。また、結論を前提としない議論の過程も不安定です。ですが、この動的な状態を経て初めて、次の新しい何かを見出すことができるように思うのです。

そして議論は、破壊のためのものではなく、新しい何かを創り出すという目標を持ち続けることによって有意味になるとも考えています。そのように考えるからこそ、「社会性のない」私が、いくつかの組織で、人との交流を大切にし、様々に議論をしながら理念を見つけだすという過程に耐えられたのかもしれません。

幸いなことに、今、新たな研究環境に身を置く機会をいただき、分野を異にする研究者の方々と日常的に交流しています。改めて、対話をしながら理念を追求し、哲学の立場から社会の現状を理解する努力を重ねて行きたいと思います。

私の「修業」としての「学び」はもう少し続きそうです。

外交で学んだ人としての成長

佐々江賢一郎

ささえ・けんいちろう

一九五一年生まれ。

元アメリカ合衆国特命全権大使。

公益財団法人日本国際問題研究所理事長。

はじめに

二〇一八年三月、五年半務めた駐米大使を最後に四四年間の外務省の役人生活に終止符を打ちました。刻々変わる世界情勢の中で、日本外交舵取りの下支えをしてきましたが、今改めて思い起こすと、あっという間の四四年間だったと思います。

外務省時代は常に修業でした。いや、物心ついてから今まで、人生はすべて修業と言ってもいい。人間は幾つになっても成長できるし、その精神的成長こそが修業、と私は捉えています。

特に外務省時代は交渉事があるたびに、成長させられてきたと言ってもいいかもしれません。国同士の交渉で簡単なものは一つもない。お互いの利害関係が違う中で、どう擦り合わせていくか。上手くいかなくて中断したり、場合によっては決裂したりします。難しい交渉となれば五回や一〇回、いや数十回の交渉をしてもまとまらないこともあります。

どこが本当の意味で譲れない一線なのか、相手と探り合っているような状況は、実は、交渉は相当、軌道に乗っていると言えます。箸にも棒にもかからない交渉は、建前論でお互いに言いたいことだけ言って、交わっていかないからです。

最初は信頼できなくても、交渉しているうちに、なんとか交渉をまとめたいという共通の目標が出てきて、成功に近づいていく場合もあります。

一方、最も危険なのは、実は交渉が上手くいきすぎること。自国にとってあまりにも有利な交渉をしてしまうと、相手に禍根を残すことが少なくなくありません。相手からすると、自分たちばかりが損な条件を飲まされた、と思ってしまうからです。交渉は、五分五分の決着がいいのです。

例えば第一次大戦後、戦勝国が勝ちすぎてしまい、敗戦国のドイツにしこりを残してしまいました。それが結果的に第二次世界大戦の呼び水になってしまった。外交の立場から言えば、国内にもほどほど不満が残り、相手側にもほどほど不満が残るぐらいの合意点が、ベストな交渉と言えます。

三つの国際交渉

私がかかわった国際交渉で最も難しかった、あるいは外交官としてやり甲斐を感じた事例を三つ上げるとすれば……。

外務省の役職によっても交渉のあり方は違ってくるのですが、まず一つは北米局北米第二課長の時に経験した日米経済交渉ですね。国際交渉の前線で指揮を執る課長は、交渉を動かせる権限が与えられていることもあり、責任は重い。

日本がバブル景気に湧く一九八〇年代は、日米貿易摩擦という言葉が盛んに使われました。世界に先駆け環境対策を施した日本車が米国市場を席巻したことから、米国は日本に輸入規制を求めてきました。摩擦は自動車だけでなく、鉄鋼、半導体、スーパーコンピューターなどから、建設、流通、金融、サービスなどに至るまで広範囲にわたりました。

米国はこれらの分野の閉鎖性は、日本の「非関税障壁」だとして、各種制度や商取引習慣、企業グループの系列などの見直しにまで踏み込んだ改善を求めた。また、過剰貯蓄と投資不足にも原因があるとして、国内の需要創出を求めた。市場開放が進まないのは日本に構造的な問題があるからだとして、一九八九年にはこれらを包括的に交渉する日米構造協議をスタートさせたのです。

前任者が構造協議の大筋で合意し、私が担当した後半は、よりセクトラル化するというか、例えば自動車や半導体の数値目標の要求を含め、そこから生まれる課題などを部門別に協議を行うフェーズでした。米国の立場を勘案しつつも、日本の国益のことを考えれば引くに引けないこともある。全身全霊を尽くし、薄紙一枚一枚を丁寧に重ね合わせるような神経戦で構造協議を進めました。

ところが、一九九三年にビル・クリントン大統領が東京サミットで日本に乗り込んできて、それまで推し進めてきた日米経済関係の根底をひっくり繰り返してしまった。安保は安保だけど、経済はまだ不均衡だから、日本に米国製品をもっと買ってもらわなきゃ困るって。

自由貿易の本家本元、旗手であるはずの米国が管理貿易を要求するのはおかしいと日本も反発。私は徹頭徹尾、米国側の要求に抵抗してやるという構えで交渉したのですが、米国側は、通商法スーパー三〇一条（貿易相手国の不公正な取引慣行に対して当該国と協議することを義務づけ、問題が解決しない場合の制裁について定めた条項）を持ち出して反発。構造協議の時も日本のことばかり文句を言われていたので、私は三〇一条そのものもおかしいのではないか、と反論。すると米国側は「今、日本の貿易問題を協議しているのに、お前はなんで米国の問題を持ち出すんだ」と。また建設分野の市場参入問題では対米対抗措置もとったこともある。

日本はそれまで対抗措置は取ったことがなかったので、日本は米国の言うことを聞いているだけじゃなく、打たれれば打ち返すという姿勢を示せたのは収穫だった。ただ、米国の言っていることはもっともということもありました。透明性や競争性（独禁法など）などの分野で日本は変えた方がいいって思いました。だけど、米国がエゴで言っている問題もあったし、今から評価すればプラスもマイナスもありましたが、少なくとも力で押されることだけは避けようと頑張ったことは、後輩たちに道筋は示せたかなとは思いますね。

ただ、この宮沢喜一首相・クリントン大統領指示下の交渉は一週間も続いたので、その間私は飲まず食わず。交渉がまとまり、彼らの最終的記者会見にこぎつけたときは、現場の指揮官として心からほっとし、涙が出てしまいましたね。

二つ目は、北東アジア課長時代に手掛けた日韓関係の改善に道筋をつけたこと。一九九八年に、当時の小渕恵三首相と金大中大統領との間で、過去を直視しつつも未来志向の関係を築いていこうと「二一世紀に向けた新たな日韓パートナーシップ」を構築する日韓共同宣言を行った。

ここに辿り着くまでは、先ほどの日米交渉同様、心血を注ぎましたね。それまで日韓関係はものすごくタービュレント（混迷、荒れ狂う）だった。でも、相手のカウンターパートと半年以上も渡り合い、そして共同宣言の草案の書き直しもどれだけやり取りしたか。ただ、カウンターパートとは「このままの日韓関係ではいけない」という考えは一致していました。

金大中大統領も日本の国会で演説し「これからは過去のことに触れない」と演説。これを機に一気に日韓関係が前進した。この時は交渉相手が、とても信頼できる人だったことが幸いしましたね。そして国のトップ同士が前面に立ち、お互いに信頼を寄せあえば、国民もそれについていく、という大きな学びになった交渉事例でしたね。

それ以降、韓国は文化を開放し、日韓の観光客が行き交い、交流も賑わいを見せた。その一方、韓国は国のトップが変わると対日政策も変わり、同時に国民感情も左右されるのはその後の歴史が物語っています。それでも、外交の松明《たいまつ》は常に灯し、後世に引き継いでいかなければなりません。

そして三番目は、ギリギリまで死力を尽くしたものの、改善に向かわなかった失敗例。そう、北朝鮮の拉致問題です。今も未解決なので、この問題は未だに私の胸に深く、深く突き刺さっています。

私が拉致問題の深刻さを知ったのは、北朝鮮との国交正常化の交渉も頓挫していた北東アジア課長時代。この拉致問題は必ず解決したいと強く思っていました。小渕恵三・橋本龍太郎両内閣の下で北朝鮮と交渉もしましたが、結局かないませんでした。その後小泉純一郎内閣になってから二回首相が自ら訪朝し、五人が帰国しましたが、その後はなかなか進展しませんでした。

しかし、その間何もしなかったわけではありません。この問題は未解決なので詳しくは語れないのですが、水面下での交渉は継続中でした。二〇〇三年に北朝鮮の核開発問題に関して、解決のため関係国外交当局の局長級の担当者が直接協議を行う六者会議が設けられました。六者とは日本、米国、中国、ロシア、韓国、北朝鮮の六か国です。私はアジア太平洋局長だった二〇〇五年の第四回から、日本の首席代表として参加しました。

交渉にはギブアンドテイクがつきものですが、北朝鮮のエネルギー支援の要求に対し、日本は拉致問題を解決するのが先決という立場。北朝鮮にすれば日本は目の上のたんこぶのような存在だったと思います。しかしそうこうするうちに、核・ミサイルの開発問題で米朝が険悪な関係になってしまった。その後も、水面下で北朝鮮とは交渉を続けてきましたが、徐々に交渉することさえ難しい状況になってしまったのです。

もちろん、ある拉致家族の方にもお会いし、進展させることができず申し訳ありませんとお詫びもしました。でも、多くを語りませんでした。なぜなら成果が出ないのに、どんな努力をしてきたか口にしても言い訳にしかならないからです。私は元気に振舞っていたので、周りからは見えなかったでしょうけど、実はこの間、胃液が逆流してゲップが頻繁に出て体調はかなり厳しかったですね。拉致問題は、外務省を去った今も大きな関心を持ってフォローしています。

両親の影響と学生時代

冒頭に申し上げた、修業を人間的成長と捉えるならば、最初に私を成長させてくれたのは、やはり両親ですね。父の影響は高校時代にドカンとやってくるのですが、中学まではやはり母の影響がとても大きかったと思います。

私は岡山県倉敷市で一九五一年に生まれました。姉が一人いましたが年が離れていましたし、私が小学校入学時には女子高の寄宿舎に入っていたので、仲よく遊んだという記憶はそれほどありません。母は今でいう教育ママ。幼稚園の頃から「将来立派な人になりたいなら、人と違うことをしなさい」と散々言われながら育ちました。小学校高学年になると、学校から帰るとすぐに机に座らされ、新聞の社説を読まされるのです。内容は理解できないけど、母はそれでもいいいと。論語と同じでいつか分かるようになると言っていました。

でも私は家の外で待ってくれている友達と早く野球がしたい。「なぜ、僕だけこんなことをしなければならないのか」と心の中で母を恨んでいました。マンガも禁止されていました。貸本屋をやっている友達の家に入り浸って読んでいましたけど。

母は、「野風増《のふうぞ》になりなさい」と繰り返し言っていました。野風増というのは岡山弁で、生意気とか突っ張るという意味ですが、要するに「小さいことに拘らず、大きな視点を持ちなさい」という、一種の英才教育をしていたんだと思います。

小学校低学年の頃、こんなことがありました。喉に魚の小骨が刺さり、耳鼻咽喉科に行っても取れず、母に近所の祈祷師のところに連れられて行きました。祈祷師は水に浸したパンを差し出し、これを飲みなさいと。すると嘘のように取れた。その時に母が「この子の将来はどうなりますか」と聞いたところ「この街を離れ、将来広い世界に出ていく」と。私はこの時の言葉が頭から離れなかったこともあり、母の教育法に内心では反抗しながらも、彼女の教え通りにしていたんです。

本もかなり読まされました。それも児童書ではなく大人向け。ただ、小五の時に読んだ山岡荘八の『徳川家康』がとても面白く、全二六巻を読破。内容は全部理解できないにしろ筋は分かります。そこで繰り広げられる人間の愛憎劇や宿命、群雄割拠して生死を争うとか、天下統一までの過程で様々な闘争があり、子供心に、世の中ってこんな風になっているのかとかなり感動しました。

特に家康が「人生は重荷を背負って一歩一歩坂を上るようなものだ」というくだりに感銘を受けたんです。要するに苛斂《かれん》誅求《ちゅうきゅう》の連続なんだと。そして子供ながら、もっと世の中を知りたいと知識欲が湧いた。すると今度は他の小説にも興味を抱き、小学校高学年の頃には自発的に本を読むようになっていましたね。

その一方で、学校の勉強は大嫌い。今でもそうですが三〇分以上じっとしていられない。興味のあるものには一生懸命になれるけど、教科書のような面白くないものに向かうのは、三〇分が限界です。

高校は岡山を出て、広島大学付属高校に入学し寮生活を始めました。母には「どうして近くの高校に行かないのか」と反対されましたけど、中学時代は夏目漱石の『坊ちゃん』や『三四郎』に啓発されていたこともあり、どこか違う世界に出たい、という欲求が芽生えていました。いわば親離れの時期だったんだと思います。父はその辺を理解してくれた様子で、特に反対はされませんでしたね。

しかし、高校に入って当初はちょっとビビッていました。寮訓には「猛球に青春を懸けろ」、「故郷を想え」、「校内に新風を送れ」というバンカラ精神が謳われ、田舎育ちのひ弱な新入生はいきなりカルチャーショック。サッカーが強い高校だったこともあり、寮生で応援団を結成していました。でも私は不器用なため、応援団のテキパキとした動作が出来なかったことから、旗持ちをやらされましたね。「君は旗を持ってずっと立っていろ。これは技術はいらない。落とさないようにすればいいんだ」って。

勉強もやりたい者はやれ、やりたくないものはやらなくていい、という校風でした。実は僕はこの頃、作家を本気で目指していたんです。小田実の『何でも見てやろう』に刺激を受けたり、純文学も明治、大正、昭和と時代を問わず、文豪と言われた作家の作品は全部読みましたね。太宰治、島崎藤村、谷崎潤一郎、川端康成、三島由紀夫、芥川龍之介…。

感銘を受けると、そのたびに原稿用紙に向かうんです。でも、自分で書いてみると、太宰を読んだ後には太宰調になり、三島作品を読んだ後に執筆すると三島に似た文体になってしまう。なんでも影響を受けていましたね。

高校三年生から寮を出て下宿生活を始めるのですが、下宿先のおじさん、おばさんにも鍛えられました。二人は原爆被害者で、戦争時の話や世の中のことを色々教えていただいたし、納豆も食べられるようになった。当初は大の苦手だったけど、毎日納豆が出され、徐々に慣らされていく。高校生を預かるに当たって、教育方針がしっかりしていたのだと思います。

この下宿生活を共に過ごした同級生も作家志望。二人で、作家の作品の評論や文学論を交わしていました。ただ彼は医者の息子だったために親の圧力に悩んでいて、私も大学は文学部にするかどうか悩んでいた。

この時期に父親が登場です。作家になりたいから文学部に行きたいというと、「その程度で作家になれると思うのか」とガツンとやられた。それまで短編を一〇作品ぐらい書き溜めていたのですが、確かに自分で読んでも陳腐。恥ずかしくて耐えられないシロモノです。高校時代の答辞も後で読んだら、非常にペダンチックで抒情的で独断的で、顔から火が出そう。父は、そんな私の資質を見抜いていたんでしょうね。文学をやりたいという私に、「まずは身を立てる道筋を考え、それからでもいいんじゃないか」とコンコンと諭しました。父の言葉に「確かに」と納得し、東京大学法学部に入学。

ちなみに、高校時代に下宿先で文学論を交わした友人は故郷に帰って親の跡を継いで良い町医者になり、生涯の友となった。しかし、彼は四〇歳で早世し、本当に辛かった。もう一人の別の下宿の友人には、米国大使時代に偶然に会ったんです。企業トップの会合があり、当初はお互いに分からなかったのですが、名刺を交換している時に気が付いた。お互い、違う道に進んでいましたね。

大学時代も変わらず文学の世界に浸っていました。ただその頃は純文学から時代物、あるいは史実に即した歴史ものやドキュメンタリーに興味が移り、それも登場する人物たちの生き方、決断の仕方などに関心が行くようになった。幕末、明治、大正、昭和の外交、あるいは日本から徐々に世界史に関心が移って、興味がある本は片っ端から読みました。その頃、素晴らしい教授陣がいてちゃんと学ばなかったことが悔やまれますが、何しろ三〇分以上机に座っていられないので、興味のある本だけ読んでいました。

高校時代に三島由紀夫に影響されたこともあり、大学ではサッカー部に所属。自分も肉体を鍛えなければと考え、高校時代に馴染みのあったサッカーをやってみようと。そんな不純な動機でサッカーを始めても上手くなるわけがない。そのくせ骨折は二回もしてました。そしてサッカーを諦めた大学三年の頃、たまたま友人のお姉さんの家に遊びに行くと、外務省の人がいました。

荒船清彦さんという確か企画課長をやっていた人で、一九七一年の米中国交正常化（ニクソンショック）を以前から予測していたというんです。リチャード・ニクソン元大統領は今となってはウォーターゲート事件*の印象が強いですが、その任期中はヘンリー・キッシンジャー**とともに、ソ連との関係のマネージメント、米中和解、ベトナム戦争終結という、冷戦期における外交上の大きな成果を挙げています。荒船さんは特にキッシンジャーの頭脳的な判断、行動を並べたて、「外交とはそういうものだ」と。

感動しましたね。高校時代に広島に来てカルチャーショックを受け、初めて東京に来たのは大学受験時、次はどんな世界があるのかと好奇心だけはあったので、荒船さんの話に心を鷲掴みにされました。外務省に入ったら世界に行ける、これは面白いかも、と。ただ、まだ作家になることの野心は消えず、世界で色んな面白いことを見られれば、小説の題材にもなると考えたのです。それで大学卒業後は迷わず外務省を志望。

外務省に入省、米国に留学

入省後、英語研修のためペンシルベニア州にあるスワースモア大学に入学。留学した二年間は、私の日本人としての修業時代ですね。何しろ、日本人としてのアイデンティティをグラグラ揺さぶられ、この時の経験が後世、外交官としての視野を磨いてくれたと考えています。外交官としての出発点だったと言ってもいい。

＊ウォーターゲート事件
1972年に起きた中央情報局（CIA）工作員の民主党本部侵入盗聴に端を発し大統領辞任に至った政治スキャンダル。

＊＊キッシンジャー（1923年生まれ）
Henry Alfred Kissinger　ニクソン政権およびフォード政権期の国家安全保障問題担当大統領補佐官、国務長官。

スワースモア大学への留学は、私にとっては初めての海外でした。一緒に行った友達も海外は初めて。飛行機の中で、「横のプロペラが止まったらどうなるかな」、「そりゃぁ、落ちるだろう」などと、まるでお上りさん丸出しの会話。また、税関で「荷物を開けろ」と言われると、友人は「外務省職員は、荷物について外交特権があるから拒否することができると教本に書いてあった」と言って、何も秘密がないのに実践してしまった。すると、中身がすべて散らかってしまい、慌てて拾うという何とも恥ずかしい失態をやらかしてしまう。

ワシントンDCに着くと、まずご飯を食べようということになり、どうせならとキッシンジャーが愛用しているというジョージタウンのレストランに行ってみた。そこででてきたアボカドを「これはどんな食べ物だろうね」とか、アーティチョークをどう食べたらいいのか分からないから、「葉っぱは食べられるのか?」としばらく相談した挙句、一枚ずつ切って食べたり…。ことごとくこんな無知ぶりを披歴するスタートでした。

特に、スワースモア大学での文化の〝洗礼〟は半端ではなかった。スワースモア大学は全米屈指の知的水準を誇る難関校で、一学年三五〇人程度の少数精鋭主義。アイビーリーグの修士・博士課程に行く人も多い。大学についてある程度のことは知っているつもりで留学したのですが、そんな知識がことごとく破られてしまう。衝撃というか、文化ショックが大きくて…。

当時はベトナム戦争の残り火があってまだデモを盛んにやっていたし、その一方でマリファナを愛用している教授もいた。学生たちのセクシャル・ビヘイビアが全く日本と違っていて、裸でいても平気だし、トイレの扉も開けっ放しで、男女同衾も抵抗なしの自由奔放。

もっとも驚いたのは、芸術学部長が女性の格好をし、学生たちは教授を「she」と呼んでいたことでした。今でこそＬＧＢＴは当たり前になっていますが、当時は一九七〇年代。日本でＬＧＢＴの人が学部長になれるだろうかなどと、ことごとく日本と米国を比べてみる。そのたびに衝撃を受けることになるのですが、米国の天井の広さと自由度の高さに、毎日のようにびっくりしていました。

自由、開放性、多様性に衝撃を受け、日本人としての自分の価値観やアイデンティティを揺さぶられただけでなく、リベラリズムと保守主義が対立しながらも共存し、米国の懐の広さには目をみはるばかりでした。

その一方で、私の英語能力は極めて低かったので、日常のかなりの時間は授業や図書館ではなく、友達と遊んだり、テレビを見たりラジオを聞いたりしながら英語の勉強をしていた。

大学生にとってルームメイトはとても大事。生活を共にすることになるため、否が応でも互いに影響し合うからです。

私はルームメイトと会話することで英語の上達を目論んでいた。スワースモア大学は米国各地だけでなく他国からも留学生が来るので、国際的なバランスを考えルームメイトをアレンジしてくれるのですが、当初の思惑が外れ、ルームメイトはパーティ好きの不良でした。彼は彼で「英語の分からない日本人がいるな」と思っていたかもしれませんが、毎日のように隣の部屋で騒いでいるのが耐えられなくて。

ただ、彼は不良だけど、はにかみ屋なところがあった。そのはにかみ方が、心の奥底で善意というか人の良さを滲ませていたんです。後で聞くと彼はインディアンの酋長の息子で、自分の進路についてかなり悩んでいた時期だったらしい。でも私はそんなことは知る由もないし、上っ面だけで不良と決めつけていました。

後年の米国大使時代に、デラウェア州知事と会った際、デラウェア州のインディアン酋長の息子だというルームメイトの話をしてみると、知事は彼をよく知っていると。そしてこう告げたのです。

「彼は今、州裁判所判事ですよ」。

あの不良が……、と椅子からずり落ちそうになるぐらいびっくりしました。後に彼と再会したのですが、彼と一緒に騒いでいたガールフレンドは妻になったというので、意外に真面目だったのかと。

再会を機に、お互いの偏見が友情に変わりましたが、彼は私にこう告げたのです。

「君が本当に米国大使？　君は何をしているのか分からない謎の男だった」。

彼に謎の男と思われても仕方なかった。学生時代に小田実の『なんでも見てやろう』や沢木耕太郎の『深夜特急』に影響されていたこともあり、米国のあちこちを旅し、その土地の人や文化に触れ、ひたすら自分の見るものを探す旅をしていた。だから成績はさっぱりだった。

成績はA～Fまでランク付けされるのですが、私は専攻の多くが一番下のF。当時はなぜか、この成績表が実家に送られていた。両親から「このFはどういう意味」と聞かれ「ベリーグッドということ」と、誤魔化していた。

ただ私は「学校で良い成績を取ることが目標ではない」という目的意識がはっきりしていましたし、英語のレベルを上げるとともに、外交官としての素養を現場でつかむことを主眼にしていたのです。それは「米国を知る」、「米国人を知る」、「米国文化を知る」ことでした。

もちろん、大学の勉強も興味のあるものは熱心に取り組みました。当時はキッシンジャー外交がクローズアップされていた。歴史的な米中和解の道へ導き、パリ協定*を成功させベトナム戦争終結にも道筋をつけた。冷戦時代のソ連との交渉にも一役買っている。そんなキッシンジャーの手腕に敬服しつつ、これからは米国とソ連、中国との関係が面白くなるかもしれない。そう踏んで、中国、ソ連の政治などは結構熱心に勉強していましたね。

当時、ホームステイしていたミズリー州のホスト先の婦人が、私が中国政治を勉強していることを知ると、こんな質問を投げかけてきました。

「チャイナは共産主義だから、神様を信じている国民はいないと言われているけど本当か？」。

私は一瞬言葉に詰まったが、無難な答えを口にした。

「確かに中国では、共産主義を超える規範は歴史を見ても難しいんだけど、中国の人が全員無神かとか言ったらそうではないと思う。仏教の人もいればキリスト教を信じている人もいるはずです。ただ政治体制としてはなかなか厳しいものがあると思う」。

すると彼女はポツリとこう言った。

「どんな政治体制であっても、やはり信仰は大切だよね」。

やはり信仰は大事という彼女の言葉はずっと耳に残っている。私自身、宗教や信仰については、未だに答えを出せていません。外交を円滑にやる上で、相手の宗教を知るという

＊パリ協定

1973年パリで調印されたベトナム戦争終結を約した協定。

のは、政治を理解するのと同じくらいに重要です。ちょっと横道に逸れてしまいますが、宗教を考えるのも、精神修業の一つなので触れることにします。

人は多かれ少なかれ、死の問題に局面します。私が死について考え始めたのは中学一年から。たまたま体操の時間に壁に頭を強く打ち、意識を失ってしまったことがありました。大学病院で精密検査を受けたところ何ともなかったのですが、この時に初めて僕は死んでしまうかもしれないと思った。以来、死に関する書籍を読み漁ったところ、必ずと言っていいほど宗教の話が出てきました。

日本には仏教もあるしキリスト教もあるし、新興宗教もある。父はどちらかと言うと仏教系の人で、母はキリスト教的な発想をする人だった。一方私は、キリスト教信者と縁が深かった。大学時代に下宿していた家のおじさんとおばさんは共にキリスト教信者で、内村鑑三*先生を深く尊敬していました。

大学時代にサッカー部で骨折をした時、「あなたも教会行ってみない？」と誘われたんです。その頃は、遠藤周作など神をテーマにした小説もかなり読んでいましたけど、自分の問題としてどう捉えるかということについてはストレイシープ（迷える羊）だった。

教会で神父から講話を聞き、最後に「質問がありますか？」と問われたので手を上げ、あろうことか「なぜ神様がいると分かるんですか」と言ってしまったのです。信心深い人

*内村鑑三（1861-1930年）
うちむら・かんぞう　キリスト教思想家。無教会主義を唱えた。

たちが集まっている教会の中で、よそ者の私がなぜ挑発的なことを言ってしまったのかとすぐに後悔しましたが、神父の答えはこうでした。

「信ずることによっていずれ分かってくる」。

私は神の存在について理論的な答えが欲しかったのに、信じるか信じないかという二者択一的な答えを与えられてしまったことが、その時は腑に落ちませんでした。今はより理解ができるようになりましたけれど。

この問題は米国留学中にもぶち当たりました。スワースモア大学はもともとクエーカー**教徒の女子高という由来があるため、学生には信心深いクエーカー教徒が多かったのです。彼らが祈りを捧げる横で、僕は宗教というより人間に関心があったので「なぜ人間は神を求め信仰するのか」と、自問自答を繰り返していました。

それでも信仰している人たちはとてもピュアで温かく、「ああ、信仰はいいな」と思える瞬間は幾度となく訪れ、また信仰している人たちの強さも十分理解しているのですが、自分はまだ、その橋を渡り切れていないのです。

実はうちのかみさん（佐々江信子＝同時通訳者）もキリスト教信者で、彼女のお母さんもそう。私は神を信仰している人たちに囲まれ生活しているにも関わらず、信仰の世界には踏み切れていない。もちろん、なかなか出口が見出せないような悩みを抱えたりすると

**クエーカー

キリスト教プロテスタントの一派キリスト友会（フレンド派）に対する呼称。

聖書を読んだり、また別の神についての本を読み、救われることもあるのですが、神、あるいは信仰についてはまだ十分に理解するところまでには至っていません。

少し前、実践神学の学者であるヘンリ・ナウエンが著した『神を信じないものとの対話』を読んだのですが、結局、話はすれ違いのまま終わっていく。それでも、対話そのものは無駄ではないという内容だった。

このように宗教、あるいは神についての私の修業は、これからも続けていかなければならないと考えています。

話が少し逸れてしまいました。

下積み時代

米国留学から意気揚々と帰国したものの、外務省では下積みが一〇年近く続きました。この時代は本当に修業でしたね。最初の毎日の仕事は国会答弁の下書きや清書コピーとりや決裁書類の持ち運びなど。少し進むと会議のメモ取りや情報の整理。子供の頃から「天下国家を考えなさい」と教育され、米国留学でも自分をブラッシュアップしてきたつもりなのに、幾日も幾日も下読みの作業ばかり。「国の外交を担うつもりで外務省に入ったつもりが、今やっていることは何になるのか」と、理想と現実の格差に愕然としていましたね。

でもある時、先輩にこういわれました。

「いつか、君が上司になった時に一番下で仕事している人たちの気持ちが分かるようになるはずだ。下にいる人たちが生き生き仕事をしているかどうか気配りするのは、上司の重大な仕事だからね」。

若い頃は日米関係が何かと問題含みの時期だったので、先輩たちはてんてこ舞いしていました。特に日米経済交渉は、米国からドーンと難題を突き付けられ、そのたびに上司らはピピっと青筋を立てて取り組んでいました。

私はそんな先輩や上司の仕事を盗むために、彼らの決断や行動をＡＢＣＤと採点を付けたり、それぞれの課題を１２３４５という評価でマトリックス的に付けていました。もちろん、そんなことは傲慢だし生意気なので、決して口には出しませんでしたけど、職人的に言えば技を盗むということでしょうか。

ある時、僕の中ではとても素晴らしいと思っていた上司が、翌朝五時に出勤しなければならない私に深夜二時ごろ、帰る前にこれとこれをやっておけ、と仕事を振ったんです。頑張ってチャレンジしたけど、物理的に無理。でも、翌朝、その上司が「出来たか」と言うので私はたまりかね「出来ないことが分かって言っているのなら、あなたはどこか性格に問題がある」と言ってしまいました。私の結婚式に、上司からこのエピソードを暴露され冷や汗ものでしたけど、まあ、当時の外務省は今の言葉で言えばブラック企業。

その後米国大使館の書記官（経済）、経済局（国際貿易）や欧亜局（ソ連）、北米局の首席事務官を勤めましたが、課長になる前ぐらいのポストは基本的には下積みです。私が北米第二課長になったのが四〇歳の時。下積み生活が長いため、課長になる前に辞める人もいた。でも、私は先輩たちの活躍を、生意気にも点数を付けながらよく見ていたので、「あのポストに就けば、あんな素晴らしい仕事が出来るんだ」と考えていたこともあり、退職するという発想はなかった。

外務省には弁舌が立ち、語学も堪能な人が多く、石川啄木の「友がみなわれよりえらく見ゆる日よ／花を買ひ来て／妻としたしむ」という心境でした。上司や先輩に仕事の採点をしながらも、周りと比べ自分は足りないものだらけと、自己評価は低かった。でも、優秀な先輩たちの「どこが優れているか」を見出す能力はあったと思いますね。日々雑事をこなしながら、今取り組んでいる懸案や国の主要外交案件に対し、もし自分が局長だったら、次官だったら、もし大臣だったらどうするかということを逆算して考えていましたね。

とにかく下積み時代はひたすら吸収し、デリバリーはその後でもいいと考えながら取り組んでいました。上司や先輩がおかれている立場をイメージしながら自分の仕事に取り組めば、実際そのポジションに就いたとき、迅速に物事を進められると想定していたんです。実際、交渉に同席して学んだことは多かった。やはり優秀な人は、難しい場面でも動じない。物おじしないというのは、外交官にとってはとても大事なことです、いわゆる胆力。相手がどんな偉い人であれ、難しい人であれ動じない。その一方、かしこまってしまう人もいる。交渉で攻められた時は妥協も必要ですが、どこまで頑張れるか。背中を見せてくれた先輩たちに感謝です。

そして私が課長になり、その後も多くのシーンで判断を求められた時に、先輩から学んだことは大いに役立ったと思います。

三五歳の時に（旧）ソ連課の首席事務官になりました。当時ソ連は、ペレストロイカ*という新しい世界に向かっていたけど、まだ冷戦時代の残滓があり、日ソ間には報復合戦が行われているような厳しい時代でした。

その時私はロシアのロの字も知らないし、周りはロシアの専門家ばかりなので、使い物にならないと思われていたみたいです。でも私は、皆が正しいと思っていることにまずクエスチョンを付けてみる、ということを敢えてやりました。生意気な職員だと思われていたと思いますが、当時の上司は面白がってくれました。

*ペレストロイカ

1980年代後半から最高指導者ゴルバチョフによって進められた政治改革。

何度も言いますが、外務省には本当に素晴らしい先輩たちがいました。ただ先輩たちの姿を学ぶばかりが能ではないですが、新しいことに取り組もうとした時、何の下敷きもなしに発想できるかと言ったらそれは難しい。やはりある程度の経験や基礎がないと新しいアイディアは生まれないし、思い切った決断も出来ない。だから下積みの一〇年間は今思えば、外交官としての大きな糧になった時期でもあったのです。まさしく外交官としての修業時代でした。

緒方貞子さんの補佐官として学ぶ

外務省の直接の先輩ではないですが、もう一人影響受けた方がいました。国連難民高等弁務官(UNHCR)の緒方貞子*さんです。緒方さんの補佐官になったのは四二歳の時。ただ、補佐官になるまで、ちょっとした波乱がありました。

冒頭のエピソードでも紹介しましたが、北米第二課長時代に日米貿易経済交渉を何とかまとめ上げ、長い神経戦を前線で闘ってきたので少し疲れていました。時の上司から「少し休んで来い」と、英国のイギリス国際戦略研究所(IISS)に送り込まれたのです。私はてっきり休みだと思って大して研究はせず、IISSにもあまり顔を出さなかった。

*緒方貞子(1927-2019年)
おがた・さだこ　国際政治学者。

数か月過ぎたころ、研究部長から電話がかかってきたのです。「君はどうしているの？あまり研究所で顔を見ないけど」。焦った私は咄嗟に「今、自宅にこもって論文を執筆中です」と言ってしまった。さあ、大変です。

私は三〇分以上机に座っていられないタイプだし、それまで実務派だったので論文は苦手。でも研究所に勤務している以上は論文を発表しなければならない。事実を分析し、どこが問題で、それを解決するにはどんな方法があるかとか、毎日ブツブツ言いながら格闘していました。三〜四か月ぐらいかけてやっと仕上げましたが、すると、胃を傷めたのかゲップが止まらなくなった。同じような症状に、その後の拉致問題で北朝鮮との交渉が暗礁に乗り上げた時にも見舞われました。

医者に行くと「ビールを飲んで楽しく暮らしてください」と。ストレスだったんですね。何とか論文を仕上げると、外務省の人事課長から異動を知らせる電話が。

「UNHCRの緒方さんの補佐官をやって欲しい」、「彼女のインタビューを受けて下さい」。

緒方さんの活躍ぶりと高名は存じ上げていました。緒方さんは国連難民高等弁務官として難民救済の最前線に立ち、国際的な女性リーダーとして手腕を振るわれていた。イラクにおけるクルド難民問題では、UNHCRがこれまで関与しなかった国内難民を保護し救援していた。旧ユーゴスラビアの危機の時は、国連軍と協力し、人道空輸ミッションを敢行、紛争の政治的解決を強く訴えていました。小柄な日本女性ながら、そのパワフルな活動が、どれだけ人道上の危機を救ったか分からない。

私が緒方さんの補佐官になった時は、ルワンダの大虐殺問題*が悪化し、五〇万人～一〇〇万人の人々がルワンダを脱出しザイール（現コンゴ民主共和国）やケニアに逃れ、難民となっていた。地域の衛生や治安、医療体制などは劣悪で、救援活動は一刻を争っていました。難民のことは全く知らなかった私が、いきなり生き地獄のような現実に放り込まれたのです。

でも緒方さんは、私のような補佐官が必要でないほどテキパキと活動していた。胆力があり決断も早く思考に深度があった。そして貢献という言葉が大嫌いだった。国際貢献という言葉は、国内を説得するためには便利な言葉だけど、人道支援は結局自分の問題なんだと。

私が唯一、緒方さんのお役に立てたかなと思うのは、自衛隊のゴマ派遣（ルワンダ難民救済派遣）ですかね。ルワンダ難民の人道支援は、単に人道機関だけで処理できるような簡単な問題ではなく、危機的だった。緒方さんは世界各国に軍隊の出動を要請し、治安維持を呼びかけました。その時に、日本の自衛隊にも要請をお願いしたいというので、私は

＊ルワンダの大虐殺

1994年、フツ民族系政府とフツ民族系過激派によってツチ民族とフツ民族系穏健派が殺害された。

政府との間に立って調整しました。

当時は、自由民主党、日本社会党、新党さきがけの「自社さ」政権で、首相は村山富市さんでした。日本には自衛隊派遣に関し厳しい法律規制があるけど、村山さんは社会党が反対なのに、日米安保条約を認めた。そんな経緯もあったので、緒方さんには「戦争に行くわけではないし、人道目的だから、村山さんを説得すれば可能性があるかもしれません」と申し上げた。

外務省の人たちに尽力してもらい、緒方さんから村山さんに電話して状況を説明し、自衛隊派遣をお願いしたんです。その後、日本政府は調査団を派遣するなどして、最終的には自衛隊のゴマ派遣が叶いました。

それまで国際平和協力法に基づいて、国連のＰＫＯ活動として部隊が派遣された例はありましたが、国連の部隊としてではなく、国際平和協力法に基づく、日本の自衛隊自身の人道的な国際救援活動としては最初の例になったのです。日本の自衛隊は現地で、医療、防疫、給水及び空輸などの業務を担いました。

また、ミャンマーのロヒンギャ難民救済活動など、必要とされる地域で様々な人道支援活動に関与しましたが、弁務官補佐官として緒方さんのサポートができたかどうか心許ありません。しかし、難民救済活動を勉強・体験することによって、私自身の思考の地平線はかなり広がりました。

世の中は経済と安保だけではない。人道という広い世界があることをこの時に知りました。日本はよく「経済大国にはなるけれど、軍事大国にはならない」と言っていますが、緒方さんは「軍事大国にならないのなら、人道大国になるべきだ」とおしゃっていた。そして「出来るはずだ」と。

日本の入管政策など、外国人を積極的に受け入れようとしない姿勢に対しても批判的だった。つまり、人道的なパッションより、治安とか制度の現状維持を優先させるのかと。緒方さんの考えや行動には私も勉強させられました。

私は、日本は経済・人権・軍事の三つのバランスを取るべきだと考えています。何が欠けても良くない。バランスが取れたこの三つの要素があってこそ外交も原則が生き、強力になれる。原則と力がない外交はやっぱり弱いのです。

今日になっても、日本はまだ人道面でやることは多いと思いますね。それは単に金銭的に支援するというのではなく、日本社会の中に人道的に外国人をどれだけ受け入れ保護できるか。やむを得ず嫌々受け入れるのではなく、積極的に入れられるかどうか、です。

欧州は難民を受け入れた結果、今大きな問題に直面していますが、しかしやる前に「問題がありうるから受け入れない」という態度とは大きな差があります。日本の人口が減少していく中で、日本にやってきた外国人が日本に馴染み、日本人になりたいと思えばより自由になれるような社会を、日本は追求していくべきだと私は今も考えています。開放性と強靭性は表裏一体です。

文学の効用

もう一つ、私の外交官生活を支えてくれたのは、子供の頃からなじんできた文学でした。韓国や北朝鮮、中国、ロシア、更には欧米もそうですが、その国の小説や物語を読んでいると、その国の人たちが共有している作法や考え方に気づくことがあります。日本人にはよく分からない、どうしてそんな発想をするのか、と不思議に思った時、考え方の道筋の組み立て方が違っていたり、物事の受け止め方が違っていたりすることが往々にしてあります。

例えば、アジア太洋州局長時代に中国と難しい交渉したとき、宮城谷昌光さんの『三国志』や『楽毅』を始めとする、作品の数々が大変参考になりました。中国を舞台にした小説によって、中国人の考え方、政治や歴史的時間軸の捉え方などは、自分たちと違う物差しで見なくてはいけないと学んだのです。

米国と交渉したときと同じような態度で中国と向き合うと、大きな齟齬が生まれます。米国では客に心地よく寛いでもらうのがマナーですが、中国では、客はもてなす側の作法に従うのが礼儀。中国には中国の作法があり、その作法に従わないと摩擦が起きる可能性もあるのです。中国は権力的な序列についても、日本人の想像を絶するほど厳しい。中国人の心根にあるものを理解しないと、相手に失礼なこともしかねない。しかし、中国の時代小説を読んでいると、たくさんのヒントが散りばめられています。

また、北朝鮮の担当者と交渉している時、なぜか、池波正太郎の『鬼平犯科帳』の鬼平のセリフが突然浮かんできたことがありました。

「人間とは妙な生き物よ」。

「悪いことをしながらも善いことをし、善いことをしながら悪事を働く」。

北朝鮮はならず者国家と言われていますが、国民全員がそうだとは限らないからです。加えて、たくさん小説を読んだおかげで自分を客観視することも覚えました。胃が握り潰されそうな難しい局面に立たされても、これは小説の一ページに過ぎないと思えば、後の好転を信じ、怯むことなく交渉ができることもあります。またどんな偉い人でも、あるいはミゼラブルな人の前でも、平常心で対峙しようと努力するのです。人生全体を一つの小説と思えば、初めと終わりがあり、ストーリーにも紆余曲折がある。楽しもうと思う訳ですね。とにかく読書からは、物事を一面的に見ないということを学び、それが外交官時代に役立ったと思います。

私の交渉作法

このように私は、文学や米国留学、そして外務省の上司・先輩更には後輩たちから多くを学び、自分なりの交渉作法も考えました。

一つは、相手とのコミュニケーションを深く取ることでした。そのために必要なのは、耳、頭、口。大事なのはこの順番です。まずは耳をそばだて聞き、情報をもとに考え、それからこちらの考えていることを話す。外交の世界では、相手を全人格的に理解することが極めて重要になります。国際交渉は継続的に行われることが多いので、より深く相手を知っているかが意味を持つのです。

そして、相手をどんなに調べても、その情報は全て出しません。あまり出してしまうとスパイと間違われるか警戒心を高めるからです。それに、交渉前に経歴や思想、過去にどんな発言をしているか徹底してリサーチしても、これはあくまで予備知識に過ぎない。必ずしも正しいとは限らないからです。

自分を大きく見せようと思うのも禁物。初対面の時は相手に信頼されたいと考え、自分に下駄を履かせがちですが、相手が本物の人であればあるほど、すぐに自分の化けの皮が剥がれます。それより知ったかぶりをしないで、分からないことは無邪気に聞いた方がいい。「どういうこと?」と聞けば丁寧に教えてくれます。それを馬鹿にするような人はそういう人であると判断するのです。また、自分の弱みを出すと、それが却って相手の安心に繋がっていく場合もあります。しかし、これもやり過ぎるとお情け頂戴になってしまいますね。

また、一般的教養以上に大切なのは人間的魅力です。外交の世界にいると、周りからは教養の塊のように思われがちですが、どんな時も交渉の場で輝くのは、周りを惹きつけるような人間的魅力に溢れた人たちでした。もちろん、博学であれば、それが「芸は身を助ける」的なこともありますが、周りに面白い話題を提供できる人の方が、相手の胸襟を開く確率は高いのです。

そして、冒頭でも言いましたが、交渉で最も危険なのは交渉が上手く行き過ぎることです。国内で高く評価されるような交渉をしてしまうと、後に禍根を残すことになりかねません。相手からすると、自分たちばかりが不利な条件を飲まされたと思ってしまうからです。国内で評価されることを中心に考えれば、国民に不人気でも国益にかなうと確信することを達成できなくなる恐れがあります。

続く人生修業

四四年間の外交官人生を終えた私は今、外交問題の研究や発信を行う政策シンクタンク、日本国際問題研究所（ＪＩＩＡ）の理事長をしています。

ＪＩＩＡは二〇二一年、世界の有力シンクタンクの動向を研究する米国ペンシルベニア大学から、二〇二〇年の世界トップシンクタンク賞に選んでいただきました。これまでは米国ブルッキングス研究所や英国王立国際問題研究所など米英のシンクタンクが多く受賞しており、日本のシンクタンクが世界トップシンクタンク賞に選ばれたのは、日本初、そしてアジアでも初めてのことです。

激動する国際情勢の中で日本におけるシンクタンクの役割はどうあるべきか、シンクタンクに何ができるかを問いながら、対外発信の強化を含め、新しい取り組みを進めてきました。私の仕事はもちろん論文を書くことではなくて、研究者の労作を世間の人たちに知らせることなので、トップシンクタンク賞を受賞したのは素直に嬉しかったです。

七〇代に突入しましたが、私の人生修業はまだまだ続きます。自分の体験をもとに小説を書いてみないか、と声をかけていただくこともありますが、まだ心の準備ができていません。神や宗教の問題もそう。まだまだ思考や修業が浅いため、煩悩を克服するまでには至っていないのです。最後はお坊さんのように悟りを開ければいいのですが、道は随分長いように思います。

何度もやってきた修業時代

佐藤禎一
さとう・ていいち
一九四一年生まれ。
元文部事務次官。
NPO法人大学経営協会会長。

何度もやってきた修業時代

このシリーズの語り手は、碩学泰斗を始め、それぞれの専門分野でその道を極めた方々だ。かたや私は、国家公務員ないしはその延長としての仕事に従事してきたので、他の皆様と比肩できるような専門分野というものを持ち合わせない。それゆえ、このシリーズに登場する資格がないのではないかと思い、お断りしようかと思った。しかし、考えてみると、世の中の多くの人は私のような、組織の中の一人という人生を送っているのではないか、そのリーダーと言える立場には到底達してはいないが、そのようなグループに属する人の修業時代の一端を語ることにも意味があるのではないか、と思い直し、経験と思いを述べてみることにした。これまでの日本における終身雇用システム、各部署を経験して上位の部署に昇進していく総合職的な人事制度、と言われる中にあって、経験したことのない部署に配属され、何度も何度もこれから修業、という過ごし方をしてきた。でも振り返ってみれば、初年の頃の修業時代に基礎的な訓練を受けたことは確かだし、また、いくつかの分野でのエクスパティーズを深めるべく努力をする余地もあったと言えるようである。

初年の修業時代

一九六四年（昭和三九年）に文部省に入省し、管理局振興課（現在の私学部）に配属された。世の中の当時のどの組織も似たようなものだったろうと推測するが（役所は特に遅れていたという恐れはあるが）、初年時期らしい訓練期間はちゃんと存在した。まずは雑巾がけ。さすがに新入者にすべて押し付けるということはなく、何日かに一度当番が回ってくる、という程度なのだが、朝一番に来て、たばこの吸い殻がはみでそうな灰皿やいくつかの酒瓶の処理をして、机を拭く。役所らしく、灰皿も酒瓶も散乱しているわけではなく、まとめられているのを所定の場所に持っていくという軽微な仕事だ。また、当時は末席に至るまで大きな木机が与えられていたが、いずこも書類の山で、拭くところは余りない、という状況で、朝早く来ることがつらかっただけだった。

また、仕事の関連では、そろばんと鉄筆・ガリバンが各自に備えられていたことが相当な衝撃だった。当時はまだ複写機は存在せず、タイピストが打つ法令の文書や公式の通知文書以外の書類は、ガリバン刷りだった。こちらは、字は下手ながら筆圧が強く、良く読める書類ができた。学生時代に、まじめな学生のノートを借りて、試験前に印刷して売ったら、二回はコンパができたということがあり、経験もあったから、平気だった。何しろ、法令審議資料にしろ、審議会に提出する検討資料にしろ、中身は貴重な勉強材料だったので、原案を作った上司の知恵がそっくり頭に入り、むしろありがたい作業だった。これに比べ、そろばんは、降参だった。集計するたびに合計が異なるので、モンロー計算機という機械を持っているお金持ちの課に行って借用し、凌いでいた。本来は複雑な掛け算や割り算を処理する機械なのだが、非効率ながら確実な足し算機として活用したのである。今日の電卓があれば、こんな苦労はしなくてもすんだのだろうが。事務機器の発展には目を見張るものがある。コピーも青焼きと言われた、湿式・乾式の複写機ができたが、ゼロックスの出現には目を見張った。なかなか役所には導入されず、必要な時には東大で利用させてもらったが、高額な費用にびっくりしたものだ。また、のちにはワープロが導入され、新しい機器好きの私ともう一人の先輩で先鞭を競った。ただ、世界の工業標準競争で敗れ、またコンピュータの登場で、ワープロが衰退する様子を見て、世界の中での競争に勝つには、世界標準を押さえるという長い目で見た戦略が必要だと痛感したものだ。

この初年の時期の学びに決定的な影響を与えるのは、先輩の上司だと思う。こればっかりは自分で選べないもので、「運」だとしか言いようがない。私は運が良かった。良き上司・先輩からは仕事の中身だけではなく、仕事の仕方、人生訓一般にわたるまで大きな感化を受けた。この時期に染み込んだことは一生もの、とでも言うべきもので、この時の上司たちにはいくら敬意と感謝を示しても示し足りないくらいだ。しかもさらに運の良いことに、新規立法を二本と、大きな審議会を立ち上げての運営に立ち会うことができ、法制化の手順、他省庁との折衝、政治過程での取り回しなど、古参の先輩でもそうは経験していないだろう大仕事に立ち会えたのである。これらは、初年時教育には勿体ないくらいの経験だった。ちなみに上記三件はいずれも、政治的な理由や財政当局との調整不調で、負け戦となったが、すんなり実現したケースよりは大きな教訓を残してくれたと思っている。

次に移動した部署（初等中等教育局財務課）でもこの幸運は続いた。この時期は、法規係長としての立場での活動期となったが、立て続けに、三本の法律の制定・改正を担当できたのだ。新規立法は、他省庁との意見のすり合わせや複雑な政治プロセスへの対応などが必要で、自分のペースだけでは進めないものだ。と言っても、この時期はまだ下級の職員であり、法制実務はともかく、大部分は上司の責任者の活躍をじっくりと観察することになる。そして、初年時に学んだ知見に厚みを増していく時期であった。また、改正法の場合は、すでに実施されているシステムの改善なので、現在の状況との整合性が必要になってくる。この課では、現行制度のもと、文部省予算の半分にあたる巨額の予算を執行していたので、長年その事業に従事し、実務に通じたグループがあった。立法時には、これらの人々との意見調整が不可欠で、ことに制度の根幹を変えようとするときには、周到な検証作業を行い、状況を共有しておくことが大切なことを学んだと思う。

地方勤務での修業時代

「地方勤務」という表現は、必ずしも適当ではないが、本省を離れて、関連の組織に出向し、幹部職員としての経験を積む時期を指している。地方支分部局が沢山ある省庁では、本省の下部組織で修業を積んでいることが多い。私のいた文部省では、国立大学はそれに相当し、国立大学の事務局に出向する職員もいたが、大部分は都道府県教育委員会の課長職に出向していた。初等中等教育段階の教育は都道府県、市町村の事務なので、文部省を辞職して、都道府県教育委員会の職員として採用されることになる。当時は、地方自治体の体制はまだ十分には確立されておらず、また、日教組が大きな力を持っていた時期で、協力部隊という意味合いもあったと思われるが、地方の世界での人的な繋がりのしがらみを持たず思い切った施策を展開できるという点が評価されていたのだろう。また、失敗すれば本省へ戻せばいいという、捨て石的な役割も期待されていたように思われる（実際にそう言われたこともある）。

三〇歳になる直前に、いきなり四五人もいる福岡県教育委員会の教職員課長に就いたのだが、年齢も給料も下から二番目で、いかにして課員の心を掴むか、が課題だったが、幸い、日教組が強力な組織だった時期であり、日教組対策と教職員の人事管理で目が回るほど忙しく、すんなりと溶け込むことができた。この課は、日教組と人事制度で向き合うところであったが、同時に窓口でもあったので、ただ喧嘩をすればよいというわけにはいかず、工夫のいるところであった。本当は、酒でも飲んで、妥協点を探る、などの作業があり得るのだろうが、組織率も極めて高く、教育委員会とボス交をしたと言われては、次期執行委員選挙では立場が危うくなるというほどの状況だったから、一切交流がなかったのは、今になれば残念だったとも言える。私としては、違法なストライキなどには厳しく対処するが、教職員の待遇改善には全力を尽くすという方針で、県庁の人事部局とも激しくやりあったが、そんな話もできない状態だった。

地方勤務での洗礼は、「お酒」であろう。当時の福岡県には焼酎はなく、すべて日本酒の世界だった。私は、出向前は殆ど酒を飲んだことがなく（稀なケースだと思われるが、ビール二杯くらいで酔ってしまう有様で、夜はもっぱら麻雀三昧だった。部下を引き連れて飲み歩きたがる上司に当たらなかったという幸運もある）、これは参った。毎晩一升晩酌します、家内と合わせて二升です、という強者が沢山いて、四五人の課員で本格的な飲み会をすると六斗飲んでいたから、私にしてはとんでもない世界だった。福岡での気性は、飲めないという断り方は許されず、飲めるところまでとことん付き合うということを良しとしていたから、いつも無理をして三合程度飲んでは、衝立の陰でひっくり返っていたものだ。ちなみに、毎晩一升組は、みんな早世された（合掌）。

顔をじっと見て「お前は、ここで一生骨を埋める覚悟があるのか」と迫ってこられる経験は何度もした。一生ここで骨を埋める覚悟だ、と言うのは嘘なので、そう言うべきではないと思い、福岡県のために毎日毎日真剣に仕事をするのだ、と答えていたが、本当にそのとおり、毎日真剣に生きていたという自信はある。若さも幸いだったろうが、福岡の文化では、裏表なく一途に進むことが好まれ、私の信条ともぴったりあっていたという気がする。年上の職員は、この青二才が、と思っていたのではないかとも思うが、二五年後に、当時の職員で亡くなった方への墓参を行い（奥さんに見放されていて、お墓が分からない人も何人かいた）、生きている人たちと懇談する機会を持ったが、教職員課長時代に人事管理主事（校長経験者。つまりは三〇歳くらい年上）を勤めた人から、「課長に報告に行くのは怖かったですばい」と言われて、みんな真剣に仕事をしていたのだなあと感じ入ったものだ。

この時期の修業は、何事も責任者として自分で判断して行動する、という態度をしみこませたというものかと思う。それにしても、つらかったことは忘れてしまったせいか、懐かしい思い出が詰まっている。

課長補佐職での修業時代

私の時代、課長補佐は、所掌分野の第一人者だった。自分の担当する仕事ではだれにも負けないという自負もあった。局長から、国会答弁作成時には、課長に聞いてもよく分からん、課長補佐が来い、と言われていたが、本当にそうだと思っていた。大学行政についての長年の知見が集約された「大学課」の課長補佐に就任し、ここから私の関心はもっぱら大学行政へシフトしていった。大学課は、大学制度の担当課で、国立大学の予算の取りまとめ役でもあった。大学行政は、表に出てくる施策だけではわからず、この国立大学支援事業を通して、眼に見えない形で実行されている面があった。そのため、国立大学取りまとめチームは、長年細部にわたるまで事情に精通した人物ぞろいで、かつ、一家言を持つ人々の専門集団だった。課長は、当初私をこのチーム担当の課長補佐にしようと考えたらしいが、チームの最古参者から、大学行政の経験がないものがいきなりこのチームを率いるのはいかがなものか、という意見が出て、私は法規担当の課長補佐となった。そして、これは私にとって極めてありがたい変更であった。二年間にわたり、大学制度について、理解を深めることができ、かつ、当時の大学制度弾力化路線に沿ったいくつかの制度改正作業にも従事した。それまで約一〇年にわたって経験してきた初等中等教育行政との違いを実感する機会であり、それ以後の大学行政への従事のための修業時代となったのである。

二年経って、国立大学係担当補佐になった。基礎は学んだから、応用編へと進んだのである。ここは、驚異のチームだった。全国立大学の組織の現状や経緯をすべて知り尽くしている。棚の上に積んである書類の在処もすべて分かっているという具合で、そのうえで、毎年の各大学の予算要求を整理し、財務当局と折衝に当たることになる。その整理の手法は、いわばタシット・ナレッジ*の塊であり、私は少しずつその扉をこじ開け、理解を深めていった。

当時幾次かにわたる公務員の定員削減が行われたが、伝統的手法によって守られていた大学関係の定員増は、ほぼ全省庁の定員削減に相当し、各省庁からは相当に恨まれた。タシット・ナレッジとは言ってもその内容は、予算書には記載・説明されているので、秘密にしていたわけではないが、広く理解が共有されていたものでもなく、時に変更をした方がよい内容もあった。予算要求時と予算編成時には一月くらいは夜・昼もなく働き続けるとんでもないブラック・チームだったが、この期間中、二度くらいは、私とチーム・リーダーは大喧嘩をし、口を聞かないような険悪な状態になることもあった。勿論、最後は気持ちよく着地するので、遺恨が残るようなことはない。要すれば、今日でいうジョブ型の仕事のしかたであり、チームは自分の信ずる整理を真剣にする、上部機関の私は、その成果について意見を述べる、チームが納得して内容を修正する、という具合で、稟議システムの中でふわっと決まっていくようなものではなかったのである。ここでの働き方は、専門性の大切さと、共通理解を得るための真剣な努力が必要だということを肝に銘じさせる機会であった。

*タシット・ナレッジ
暗黙の知識。従業員の頭の中に携えている文書化されていない情報。

アメリカでの修業時代

大学課で四年勤務した後、大学課課長補佐の身分のままで、アメリカの連邦政府の機関であるＮＳＦ（National Science Foundation）へ一年行ってこいというミッションをいただいた。ＮＳＦ長官が事務次官と会談し、ＮＳＦでの客員として派遣するプログラムができ、私が指名されたというわけである。多くの先輩からは引き留められた。順調に出世して、実績も挙げているのに、なぜそんな冒険をするのか、といった具合の意見が多かった。今では信じられないだろうが、当時は外国勤務は稀で、経験者は概して出世していない、という見方をする人が多かったようである。しかし、私は喜んで受けた。もともと、最初の課の課長が、アメリカ留学経験者で、人事院の在外留学制度に応募しろと促され、省内の選考で候補者三名に入って、人事院で面接を受けたが、この年は予算の都合で文部省への割り当てはありません、といって断られた経験があった。他の二名はその後、それぞれ在外勤務を希望し、活躍されたが、私は国内での仕事にすっかりはまり込み、外国のことは忘れていた。遅まきながら、チャンスを生かそうという気になったのである。これも偶然ながら、その後、国際化していく仕事への対応を考えると、本当に良い時に良い機会を得られたものだと思う。

アメリカでの修業は、仕事よりもまずアメリカ社会の理解を進めることから始まった。ともかく豊かな国で、物価も恐ろしく安かった。日本を出るときは、一ドルが二七〇円で、一年分支給するというので、三月分だけ貰い、後の九月分は後日送金してもらうことにした。大正解で、三月後は一ドルが一五〇円になった。アパートの住み方のルールもすぐに理解できたし、電話の契約時や空港での呼び出しで「セイトー」と呼ばれても、すぐにハイ・ハイと応じられるようになった。車なしでは暮らせないので、アメリカでドライバーズ・スクール（といっても、日本のような教習所はなく、訓練車が、指定の時間にアパートへやってきた）で合計三時間くらいの教習を受けて、免許を取った。何しろ、シフトレバーをRに入れると後ろに動く、Dに入れると前へ動く、と教わっただけで、町中に運転していく、二時間目にはハイウェイを走る、といった具合で、三時間の教習が終わったら、もう試験場へ行こう、という調子で取った免許だった。交通法規の試験でも、試験官が間違った箇所を丁寧に教えており、なんとかして必須の道具が使えるようにしてあげようという基本姿勢だった。というわけで、やむを得ず一年間は走り回ったが、日本に帰って免許証をほぼ自動的に取得したものの、以後は一度も運転せず、無事故・無違反のゴールド免許のまま返納した。

アメリカの社会はオープンであると言われ、その通りだが、表層から少し入り込むととても複雑だ。統計資料などは広く公表され、買うこともできるし、関係官庁に依頼するとすぐにどっさりと資料が送られてくる。ただし、もう一歩踏み込むという段階は極めて難しい。本当のところ、どうなんだい、と聞ける人が必須だが、皆さん極めて気持ちの良い付き合い方をしてくれるのだが、さらにもう一歩踏み込むことはやはりとても難しかった。NSFで私の世話をしてくれたオコンネル博士はアイリッシュで、オヘアという、赤い髪、緑の眼を持つ典型的なアイルランド女性のパートナーがいたが、この二人と付き合うと、如何にアイルランド出身者で固まって暮らしているのかが良く分かった。緑のネクタイを着けてセント・パトリック・デイを祝う有様も圧巻だった。

オフィスは快適だったが、五時になるとスタッフは誰もいない。当初、日本の感覚で、書類を読みふけっていたら、はっと気が付くと、シーンとしたオフィスになっており、地下鉄も早く終わっていたので、慌てて帰ったものだ。件のゼロックスが沢山置いてあったが、いずれも稼働しており、スイッチをきらなきゃあと余計な心配をしたが、切る、というスイッチはなかった。翌日秘書に聞いたら、なぜ切る必要があるのか、と言われてしまった。また、この秘書に、インクが切れた支給品のボールペンのレフィル（詰め替えインク）をくれと言ったら、これまた不思議な顔をして、新しいものではいけないのですか、ときたものだった。

仕事は、完全にジョブ型で、先のオコンネル博士は、プログラム・マネージャーで、自分の担当する案件はすべて自分で決定していた。勿論上司は意見を述べることはできるが、賛成できないときは、責任を転嫁する、ということになるということだった。そういうケースはなかったが、とも述べていた。

有名な研究所などを何度も訪問したが、こちらのステイタスが何であろうと、自分の仕事なら、時間が合う限り、面会してくれた。これも感心したが、そのためには、訪問の目的を詳細に述べる必要があり、しっかり整理して連絡すると、担当部署に振られてしまうということが多かった。ただ、NSFだと名乗ると、かなり高位の人が対応してくれたものだ。

とにかく、何を望んでいるのかを明快に述べることが基本で、この国では、到底以心伝心ということは成り立たないな、と思った。このことは、以後付き合うことになるいずれの国でも多かれ少なかれ同じことで、我が国のように主語が明確でない文章が成り立ち、相手のいう事を理解しようとする文化はなんと素晴らしいものかと痛感せざるを得ない。

この時期の経験は、以後の国際関係の活動に大いに役立った。社会の在り方も多様で、考え方についても様々な実態を、体験をもって理解することができたのである。

課長職での修業時代

帰国後、いくつかの短期的な仕事に従事した後、三つの課長職を経験した。

最初は、初等中等教育局の教科書管理課長であった。義務教育段階の教科書無償制度を担当する部署だった。この時期には無償制度の維持をめぐって、まずは就任前に第二次臨時行政調査会（土光臨調）で、廃止論が固まりつつあったこと、その後も、与党の中からも廃止論が続いたことなどがあり、対応に追われた。また、直接の所管課ではなかったが歴史教科書問題が燃え上がり、バックアップ体制に組み込まれ、これまた多忙であった。

内閣直属の臨調や与党での検討会などへの対応で、大舞台での出番もあり、合わせて教科書制度の改革が俎上に上がって、舞台裏でも忙しくしていたが、持ち前の鈍感力を生かして、持ち場の責任を果たすことができたと思う。

この時期に特筆すべきことは、瀬島龍三*氏との出会いであろう。課長就任早々に、次官から、瀬島氏は麻雀がお好きで、臨調事務局職員ともしばしば卓を囲んでいるようなので、麻雀のお誘いをして来い、と命じられた。課長の初仕事にしては、随分低級なご命令だな、とは思ったが、かねて瀬島氏の活躍には刮目していたので、面会できるだけで光栄なこと

*瀬島龍三（1911-2007年）
せじま・りゅうぞう　太平洋戦争時の参謀本部部員（作戦課）。伊藤忠商事会長。

だと思い、当時のキャピトルホテルにあったオフィスを訪問した。挨拶の最初に、私の父は陸士五一期生でした、と述べたら、自分が区隊長だったのだ、と応答され、本当に父のことを知っていたかどうかは分からなかったが、以後、和やかな会話ができることになった。よく知られているように、氏は、事柄を三点に絞って整理するのが通例で、しばしば、「国家にとって大切な現下の教育課題を三点述べよ」、「日本の大学の在り方の改善に必要なことを三点述べよ」などの数々の課題についての、ご下問があり、私の区隊長に変身したごとくであったが、演習のお相手となったのは、誠に幸いだった。どんな仕事にも、その後の活動の手助けとなるチャンスがいつも潜んでいる、という事を実感したものである。低級な仕事だと思い、手を抜かなくてよかった。ちなみに、瀬島氏からは、麻雀はいいから、幹部との懇談の席を用意してくれ、と頼まれ、小人数での長時間の対話が実現し、私も、天下国家を心配しての深い議論を拝聴する機会を得て、大満足だった。

次の職は大学課長だった。四年にわたって在職したが、臨時教育審議会（臨教審）をすっぽり包み込む時期で、大勢の有識者と意見交換の機会を得た。大学問題を担当した第四部会の飯島名古屋大学総長*は、仕事に厳しいことで知られていたが、部会での審議には、文部省課長クラスを同席させ、実現不可能な改革案は出さないので、きちんと意見を述べよ、と求めた。というと表現が固いが、実際はゼミ風の柔軟な会議進行であった。財界の

＊飯島宗一（1922-2004年）

いいじま・そういち　病理学者。広島大学第４代総長、名古屋大学第８代総長。

大物が何人かメンバーに加わったが、そのうちの一人がなんと瀬島氏だった。しばしばお呼び出しがあり、大学に関する諸課題を真剣にご検討下さったことは嬉しいことであった。

　この課では課長補佐を四年しているので、実務の多くは知悉しており、その点では大方の論点への対応には見当がついていた。ただ入試に関する実務は担当したことがなく、かつ、臨教審は中曽根総理**が共通一次試験を廃止する、というスローガンを掲げての出発だったので、当然この課題に大きな関心が各方面から寄せられたため、かなりのエネルギーをこの課題に振り向けることになった。入試には絶対解はない、と言われてきた。どのように改善しても、不合格者は出るので、不満を持つ人がいなくなることはないし、そもそも学力だけでなく様々な要素を取り込んだ完全無欠な制度ができた、となれば、不合格者の心の救いはない。従って、評価の物差しを多数用意して、多様な尺度から評価する、という事くらいが共通して受け入れられるほぼ唯一の答えとなると考えられていた。それを前提として、良い問題を作り、共通の一次試験を行い、それを材料として、それぞれの大学が目指す教育活動に即した、丁寧で、自由な選抜方式を考えればよい、という発想で共通一次試験が生まれ、実際に、知恵を寄せ合って良問を作成してきた。ただ、国公立大学しか利用しなかったこと、画一的な利用により大学の序列化が見えるようになったこと、などが問題点であった。そのため、今までの利点をいかしつつ、国公私全大学が柔軟に利

**中曽根康弘（1918-2019年）
なかそね・やすひろ　第71・72・73代内閣総理大臣。

用できる「センター試験」にしよう、という発想での結論となった。この臨教審の結論を実施するのは文部省の仕事であり、入試に関する法律を改正し、実施体制を整えるという大仕事が残った。実務的には難しい作業ではないが、大学がこの趣旨を理解し、活用してもらわなければ、改正の意味はない。多くの時間を、改正内容の丁寧な説明と、利用を促すために使うこととなったが、大学の実態は様々であり、また、多様であることが望ましいことなので、じっくりと話し合いを続けることとしたが、このことを通じて、多くの大学人と会話をし、このことを通じて、我が国の大学の実態をより深く知ることとなったことは、私にとっての貴重な成果であった。

三つ目の課長職は、大臣官房総務課長であった。官房三課長と呼ばれる人事・会計・総務の三課長の一員となった（現在は、国際課長を加えて四課長と呼ばれている）。

この課は、省内の法令審議と大臣をお守りする様々な職務を担当するが、大部分は国会周りの調整仕事であった。後に就任する官房長と手分けをし、職位に応じた対応を受け持つもので、やたらに忙しく、また、国会議員は、朝食会で政策の勉強をするのが当時の通例の姿で、早朝から深夜まで走り廻っていた。

私は、多くの人のように、沢山の課に勤務していなかった。初年時では三年、係長では四年、課長補佐では五年（実質四年）、課長では三年と四年同じ課にいた。運よく様々な大きな仕事と出会えたからだが、その分、担当した分野が限られていていたので、総務課長になって省内の政策分野全般に触れることができたことは、大層勉強になった。振り出しに戻ったような新しい修業時代だったと言ってよいだろう。他省庁との折衝ごともあるし、国会対応もあり、聞かれれば、詳しいことは兎も角、何も知らないという訳にはいかなかったので、改めて広く浅い勉強を続けることとなった。

局長職（文化庁次長、学術国際局長、官房長）での修業時代

総務課長ののち、高等教育局担当の大臣官房審議官になった。審議官は、昔は局に属し、いわば次長的な仕事だったが、何時のころからか、大臣官房に集約されることになった。全省的な視野をもつこと、柔軟に担当をふりわけられること、など利点が多いが、局長と課長が直接の責任者であり、中二階の審議官職は、少々不安定な感じが否めなかった。先に述べた臨教審第四部会長の飯島総長は、のちに臨教審の答申に基づいて設置された大学審議会の会長になられたが、会議の席で、「君は大学課長の時は臨教審で積極的に発言していたのに、ここでは何にも言わないのはおかしいじゃないか」といって叱られたが、審議官の立場をよく表した出来事だった。二人の責任者を置いて自説を展開することは、とて

もできなかった。この間は、もっぱら訪ねてきた学長さん方のご相談役だったと思う。

次いで、文化庁次長となった。これから三つの局長職を経験することになる。文化庁長官は対外的に華々しく活躍されるのが役柄で、実務の方は次長に任されていた。当時は文化部と文化財保護部があり、一年しか在職していなかったので、正直なところ全体を十分把握できていなかった感がある。文化財部は、明治以来の保護行政の積み上げがあり、専門家もしっかり配置されていて、部としてのまとまりも固かったが、この年に、世界遺産条約に加盟し、法隆寺、姫路城などを候補として推薦するという大仕事があった。文化部関係では、録音機器の発達により、音楽の複製が容易になったため、著作権制度が実情に合わなくなったことを受けて、著作者の権利保護制度の改正を行うこととなり、関係者との協議を重ね、かつ、国会での答弁責任者として耐えうるように、著作権法の猛勉強をした。国会答弁には独特の作法と技術があり、それは、これまでの経験で諸先輩の振る舞いを見てきているので、特に心配することはなかったが、問題は、複雑な著作権法の正確な理解であった。当時、局長級は「政府委員」として発令され、大きな責任があった。面白いもので、緊張の連続だった当初の答弁には何のミスもなかったが、後半になって著作権法の隅々まで知っているつもりになって答弁しだしてから、小さなミスが出てきて、訂正に苦労する羽目になった。

文化行政は、基本的には国家が統制するものではなく、自由な活動を前提にしているので、他の分野に比べて制度が整っているとは言えない。各国の制度などを学んで、良い文化政策体系ができないものかと思ったが、一年で次の職に移ることとなった。

学術国際局は、文字通り学術行政と主として学術に関する国際交流を担当する局だ。学術行政本体は、長い伝統を持ち、また、学術審議会という有識者の諮問機関があり、著名な学者を中心として重要方針を定めている。大学人の意見や希望を最大限実現することが文部省の基本方針であり、内容については安心して観ていられるものだった。一方、国際交流は、各国ごとに積み上げた実績があり、実情に応じた施策を練る必要があり、体系的な整理がついているものではなかったように思う。この世界では、いわば各論ごとの対応に腐心する必要があり、予算措置も個々の案件の積み上げとなっていた。教育と研究の二本柱の大学行政を担当してきた経験から観て、学術行政を大学行政抜きで論ずることにはいささかの危惧を感じたが、当時の省内や大学関係者の認識は、この点でずれてはおらず、安心したものだった。NSFでの経験からみても、特に近い将来での成果では計りがたい基礎研究の充実が大切だと痛感していたが、大型の研究も国際競争の上では必要であり、限られた財源の配分には悩まされたものだ。

学術国際局長はユネスコ国内委員会の事務総長と指定されており、学術以外の分野での国際的な活動に触れる機会はありがたく、後に務めることになるユネスコ代表部での大使職の基礎訓練期間となった。

一転して、官房長に就任すると、もっぱら国内向けの仕事に明け暮れることとなった。「頭はいらない、体だけ」と揶揄されるくらい、むやみに忙しかった。総務課長でその活動の一端は修得済みだが、局長級の立場としての活動は、各局の仕事の調整に加え、国会周りの仕事の比重がぐっと大きくなる。いろいろあった、としか言い様がなく、あの世まで持って行く性質の話もあり、再び鈍感力に頼ることとなった。政治の世界と行政の論理との間では、しばしば対立が起こる。これを最小限にするためには、いわゆる根回しが大切な行動だ。「聞いていない」という一言で案件が吹っ飛んだ事例も見聞きしただけに、できる限り丁寧に説明して歩いた。人によるのだろうが、私はその様な活動は苦にならないタイプで、担当局だけでは漏れてしまう恐れのある働きをすることは、むしろ楽しかった。ただ、政治の世界の判断と担当局の政策とがぶつかる時は、なかなか大変だった。担当局長は、省としての政策の正当性を主張するのだが役目だから、いきおい、対立した状態になることが多い。喧嘩状態で、上司にお鉢を回すのは、官房長としては名折れなので、七重八重の腰を折り、ひたすら調整役を果たすことになるが、両方から恨まれるような役回りになることもあり、「憂さ」は一人で飲み込んで、翌日は忘れる、という特技も特段に上達した。ちょっと変わった修業だったと言えそうである。

事務次官としての修業時代

上記のような官房長職なので、通常は一年ないし二年で交代させてくれるが、いろいろな事情があって、三年も務めることとなった。各省とも官房長のステイタスは、融通無碍で、小官房長と大官房長の二種類があるが、私の場合は、小官房長からいつの間にか大官房長になり、そのまま事務次官に昇進した。

事務次官は、いわば奥の院で、所掌事務ごとの直接の責任者は各局長であるが（局長は内閣から政府委員に発令されるが、事務次官になるとその任務からは離れた）、しっかりと状況を見定め、省内の動きの調整をしなくてはならない。大臣も直接担当局長と意見交換をするのが通例で、よほどの時でなければ声がかからない。此方も、担当局長を飛び越して、意見を述べることは慎まなければならない。しかし、これには苦労した。いままでは、走り回っていたのだから、やたらに血が騒ぐのである。しかも、もう説教してくれる先輩がいないし、事務的な最終責任者として判断を下さなければならない。この時代は、一人修業の時だったと言えそうである。

しかも、またしてもいろいろな事情から、この職を三年間勤めることになった。当時は一年ないし二年で交代する習わしで、省庁によっては三代の事務次官とご一緒した。この頃は、週に二回事務次官会議があり、昼食を食べてから（所用五分くらい）、閣議案件の確認などをしていたが、退任直後の会合には、食事時に出席し、挨拶をしてから退出することになっていた。私の退任時には、退出後、古川官房副長官*が「三年間何事もなく、無事卒業できたのは、さぞかし嬉しいだろうな」と発言されたそうだ。よく退職の挨拶で「大過なく」と述べる人は多く、若い頃はつまらないことを言うなあと思っていたが、この頃になると、その言葉の重みが実感できるようになった。自分のした仕事を誇らず、せいぜい皆に迷惑をかけることがなかったことを成果として謙虚に述べるスタイルは、我が国特有の美学から来ていることかと思う。

その伝統に則り、事務次官時代の仕事についてはここでは述べないこととする。ただ、この時代、特にＯＥＣＤ（経済協力開発機構）は活発に非公式教育大臣会合を欧州で行い、国際事業の内容協議会をしばしば開催したが、大臣は国会に縛られて外遊がままならないという我が国特有の状況から出席がかなわず、殆どの会議には私が出席した。これは、他の内政とは違った対応が必要であり、今までの修業では間に合わず、新しい努力を要した。会議資料は出発直前に手に入ることが通例で、行きの飛行機の中で寝ることは殆どなかった。

***古川貞二郎**（1934-2022年）
ふるかわ・ていじろう　村山内閣から小泉内閣にかけての官房副長官（在籍3133日）。

ユネスコ代表部特命全権大使としての修業時代

退官して、日本学術振興会（科学研究費の配分を行うなど、学術研究に対する支援を行う機関）の理事長に就任した。大学課の課長補佐、課長、担当審議官、学術国際局長などの経験があるので、もっぱらその充実に専念できたが、世界のファンディング・エージェンシーの責任者との連携活動は、それなりに肩肘を張って頑張る必要があった。

私が在任した二〇〇〇年暮れから三年連続して日本人のノーベル賞受賞が続き、スウェーデン・アカデミーの招待で、三度、ノーベル賞の受賞式典と晩餐会に出席できたことは本当に光栄だった。今後も日本の研究者の支援に力を注ごうと決意を新たにしたところだったが、パリのユネスコ代表部を独立公館にしたので、初代の特命全権大使として赴任せよとの大命が降下した。心残りではあったが、名誉であり、また、これまでも学術国際局長時代と事務次官時代はユネスコ国内委員でもあったし、代表部の活動の大切さも分かっていたので、張り切って赴任した。一九九九年に松浦晃一郎前駐仏大使が日本人としては初めてユネスコの事務局長に就任したが、その選挙応援でお手伝いをしたこともあって、関心も深かったが、信頼を頂いてのご推挙だったとも感じ、大いに心が動いたものだ。

ユネスコは世界の文部省なので、仕事の中身に不安はなかったが、外交官としては若葉マークで、またまた修業の身となった。書記官として赴任される方々は、数か月にわたって外務研修所で各種の訓練を行ってもらっているが、大使職にはその様な機会がない。頼み込んで、短期間の勉強の機会を頂き（危機管理の手法などはじっくり教えてもらう必要があった）、大学ではフランス語を習わなかったので（私の時代は八〇％の学生はドイツ語を第二外国語に選んでいた）、大金を払ってベルリッツへ通った。

新しい独立公館なので、代表部事務所や大使公邸を準備しなければならず、さぞかし大変だったと思うが、こちらは赴任前に大方の準備が整っていた。公邸での日常の仕切りは家内に頼むしかなかった。赴任直後から各種の会議が入り、日本にとって大切な案件もあったので、公邸での整理には全く手が回らない状態だった。今でも時に話題に出るが、大きな負担をかけたのは確かだった。

外務省は、国際的な環境に慣れているためか、他の省庁に比べジョブ型に類した仕事ぶりが多いと気づいた。代表部でも、公使、参事官、書記官の分担は明瞭で、仕事の進め方としてはこれで良いと感じたが、まずは自分の仕事に専念するので、大使は、自分で自分の職務を果たす、ということが基本になる。これまでの仕事のやり方とは異なることも多く、総会や執行委員会の間は、各種の会議が一斉に開かれているので、全員出払うことが通常であり、大使は、自分の出るべき会議に一人で馬に乗って、槍をかついで出陣しているという風情となる。これはこれで快適で自分の性にあっているとも思ったが、日本の社会一般の稟議的仕事ぶりとは大いに異なり、時に心細かったことも事実だ。

外交の初歩にして基本のプロトコール*については、大いに気を遣った。考え方も、習慣も異なる一九〇を越える国の代表とまみえるのだから、いつまで経っても不安は消えなかった。公邸での設宴は外交の重要なツールだから、週の内何度もお客を招くが、自分でどんどん企画する必要があり、誰のアドバイスも無い。それぞれ相応する他国の代表部員との交流はそれぞれが企画しているし、大使クラスのお付き合いのご判断は自分でどうぞ、という訳である。また、メンバー選びはさておき、席順というという難問がある。外務省のベテランが書いた手引き書を何度も読んで、遺漏無きを期した。席次が気に入らない、といって席を蹴って帰るケースにも何度か目にした。また、パートナーの名前が分からず、食卓に立てる名札作りに難渋したこともある。

マルチ外交だし、一国一票なので、いわゆる根回しが不可欠で、そのための飲み食いが朝・昼・晩とあるが、「見ることは大切だが、見られることも同じく大切」と言われるように、とにかく顔を出すことを厭うてはいけない。夜のレセプションは皆ハシゴをしている。ただ、ついに習得出来なかった習慣は、招かれたとき、定刻に行ってはいけない、という

＊プロトコール
国家間の儀礼上のルールで、外交を推進するための潤滑油。

暗黙のルールだった。定刻前に行くことは迷惑だと理解できるが、招待状に、八時に来たれ、と書いてあるのに、八時に行かないのはいかにも気持ちが悪い。結局八時に行ってしまうのだが、必ずドイツの大使もやってきて、一五分くらいはバイの会談（二国間会談）を行う良い機会となっていた。

三年七か月在勤したが、外交官としての修業は、終了しなかったと思う。

帰国後、しばらくして東京国立博物館長となった。日本美術の専門道場に入ったようなものなので、またまた修業だった。随分本も読んだが、専門家が揃っているので、経験を活かして、博物館の適切な運営や発展のための条件整備に注力したが、積極的な国際交流の拡充にも務めた。全く心楽しく仕事をしたという感じで、充実した毎日を過ごしたが、そろそろ公職を退く年頃か、と勝手に判断して、無理を言って後任を招聘した。博物館の運営については、ある程度の感覚をつかんだと思っているが、中身である日本美術については、今のところまだ修業の入り口にいると思う。

番外編　趣味の修業

私の趣味は、観世流の謡、大倉流の小鼓、後に転じて大倉流の大鼓である。

初年時の課長は、教養人で、アメリカ留学での経験も随所に垣間見られたが、観世流の謡、観世流の小鼓を趣味としておられた（ちなみに後に文化庁長官、日本芸術院長を務められた）。ある日、土曜日に我が家に来て謡の練習をしてはどうか、ビールを振る舞う、とのお誘いがあり、お宅に通うようになった。また、文部省のサークルの文謡会の会長でもあったので、此方にも加盟し、謡の練習を始めた。このサークルには、上手の玄人、関根祥六師*（後の祥雪師）が出稽古に来ておられたので、続いて関根家での宅稽古を受けることとなった。祥六師、早逝されたご子息の祥人師を経て、今日では祥六師の孫に当たる祥丸師に師事している。始めてから五八年になるが、途中地方出向、外国勤務があり、東京にいても、総務課長や官房長の時代は、稽古はお休みとなっているので、全期間稽古に励めたわけではないが、それでも、祥六師のご推挙で、名誉師範のお免状を頂くことができた。免状制度についてはいろいろな意見があるだろうが、修業をして、一定の水準に達したことの証であり、精進を続けるインセンティブとしてはよくできた制度だと思う。

囃子の方は、当初鵜澤速雄師**というやはり名人についた。省内の若手女性陣が招聘して出稽古に来て頂いたのが習い始めたきっかけである。しかし、速雄師は思いがけず急逝され、その後機会を得て、大倉慶乃助師というやはり上手の打ち手に大鼓を習い始め、今日に至っている。

***関根祥六**（1930-2017 年）
シテ方観世流能楽師。

****鵜澤速雄**（1938-2006 年）
能楽囃子方（大倉流小鼓方）。

習い事は、とにかく稽古を重ねるしかない。素人だから元々玄人風の修業は想定されていないが、それでも日頃の稽古の積み重ねが次の発展に繋がる。お稽古には特に予習が大切で、稽古の場では予習の成果を点検してもらうのだが、祥六師からは、稽古の場は真剣勝負だ、と気合いをいれられたものだった。鵜澤速雄師の奥様から、素人の稽古に臨む時も、ちゃんと予習をしていますよ、と教えてもらったこともある。当然のことながら、どんなに頑張っても素人は玄人には追いつけない。趣味である以上、修業に費やされる時間も限られているし、稽古の積み上げは比較にはならないほど薄いものだから、それが当たり前だが、少しでも向上しようという気持ちが大切であり、ここでも、終わりのない修業が続くといえそうである。

振り返ってみて

「食事は野菜から」、「挨拶は自分から」、「お話は相手から」、「発展は計画から」、「成功は実行から」とぶつぶつとつぶやいている此の頃だが、幾度もの修業を経て、自分なりに修業にからんで納得している事柄を、いくつかまとめておきたい。

第一は、志を持つことの大切さだ。夢と志という言い方もあるが、夢と志はちょっと違っているように思われる。夢は個人的な欲求の満足という要素も含んでおり、出世したい、金持ちになりたい、画期的な研究成果を上げたい、立派な演技ができるようになりたい、など多種多様な夢が存在する。そしてこの夢は、人生を送るについて必要なものであることは疑いがない。禅宗の高僧もしばしば「夢」と揮毫しておられる（この揮毫は、そんな軽薄なことを意味するものではない、というご叱声が飛んでくるのだが）。一方、「志」は、人々のためになる、という意味合いを強く持っていると感じられる。私は、OECDの付属機関であるCERI（教育研究革新センター）理事会の副議長を長年務めたが、OECDが当初より経済成長に役立つ人材の育成、具体的には他人を凌駕する認知能力の高度化だけを目指してきたことには疑問を抱いてきた。これらの能力だけでは、社会は成り立たず、これらに加えて人々と調和し、社会全体をより良いものにするという能力の醸成という方針を掲げるべきだと主張してきたが、一顧だにされなかった。オクシデンタル（西洋的）な価値観から外れたものであったのであろう。それが、嬉しいことに、今日では、OECDをはじめいたるところで、活動の目標として、経済成長を求めながらも、最終的には、人々および社会全体の「Well-being」を目指すという整理が進行している。この「Well-being」は、日本語としての定訳もなく、概念も流動的だが、「志」が向かうべき目標と同根の考え方だと思われ、考え方が深められることを望んでいる。

第二は、当たり前のことながら、仕事は一人ではできない、ということである。研究者や芸術家、スポーツ人などは、個人の働きの比重が大きいものであろうが、それでも一人ではできない。ましてや、一般の組織人には、よくよくそのことを心掛けておく必要があろう。私たちは、活動の中心となるチームだけでなく、それを取り巻く多くの人々に支えられているのであり、何らかの成果について、自分のやったことだと自慢することは、慎むべきだと思う。また、別の観点からの応用問題として注意すべきことは、長が知能も体力も優れているケースでよくあることだが、チームの全員に自分と同じ能力を期待して行動すれば、そのチームは破綻する可能性が大きいということがある。メンバーへの心遣いを欠くために瓦解してゆくチームを見る機会は多い。

第三に、上記のことと重なるが、意思決定には関係者の共通理解が必要なことである。役所勤め、と聞くと上位下達で、整然と物事が進んでいるという感じを持たれる方も多いだろうが、実態はそうではない。担当するセクションにはそれまでの事蹟や知識が集積されており、過去の活動を参考にする必要があるし、担当者にはそれぞれ見識があり、意思決定までには、様々な意見を集約し、共通理解を得ておかなければならない。長は、様々な意見を調整し、最適解を求め、それを関係者に理解してもらわなければならないのである。時に、自分が責任者だ、自分の言うことを聞け、という態度に出る人もいるが、たいがいは失敗する。自分の意見があるのは必要なことだが、自分の部下の理解を得られないような活動がうまくいくはずがない。

ちなみに、上位の職に就くということは、情報量が増えることを意味する。チームの中で、議論をリードする手立てとして、豊富な情報は大きな役割を果たす。勿論、下位の職にあっても情報の収集は不可欠だが、通常上位者の情報収集力には及ばない。そして、この情報量は、職位が上がるごとに増え、多方面からの判断のための材料がより多く集まってくる。皮肉なことに、職を退いた途端に、情報量はほぼゼロになる。日がたつごとに現場感覚や、判断材料を欠くことになるので、退職後は、方針決定についてのアドバイスは遠慮することが通例となっている。過去の情報下での判断は危険だからである。過去の経験や判断のことを聞かれれば、参考意見を伝える、という態度でいるべきで、私の見る限り、これまでは、ほぼそのような振る舞いが一般的だったと思われる。そして、これは、組織人としては最終の修業であろう。やり残した修業も多いが、新しい修業がまだまだやってきそうである。

一三〇年の歴史で培われたセレンディピティ

小林哲也
こばやし・てつや
一九四五年生まれ。
前帝国ホテル会長。

帝国ホテルに入社して五三年、総支配人、社長、会長などを長年務めさせていただき、二〇二二年六月に退任いたしました。つくづく幸せな人生だったと思いますし、帝国ホテルマンは自分の天職だったと心からそう思います。

肩書からして華やかなホテルマン人生を送ったと想像されるかもしれませんが、私のスタートはトイレ掃除でした。それも客室だけでなく、パブリックスペース、そして従業員用のトイレも担当しました。後で詳しく述べますが、このトイレ掃除の経験が、私のホテルマンとしての素養に大きな糧になったのです。

野球と読書とバンド三昧の日々

私は東京で商売を営む父、専業主婦の母の間に、兄、姉、妹の四人きょうだいの次男として生まれました。父や母は特別教育熱心ではなかったけど、子供たちの勉強に関しては、お金を惜しまなかったように思います。子供たちには自ら進んで勉強をしてもらいたかったのか、家には世界文学全集、日本文学全集、平凡社の百科事典などがズラリと並んでいました。しかし私は小学校から野球少年だった。友達のおじいさんが野球チームを持っていたので、小学校三年生から没頭していました。渋谷区笹塚小学校、渋谷区笹塚中学校、世田谷区にある都立千歳高校と進みましたけど、いずれもほとんど野球の思い出ばかり。

千歳高校は公立でありながら野球も少し強かった。この頃はボールなどはふんだんにあるわけではなかったから、ボロボロになったボールを家に持って帰り、赤いタコ糸で縫い目に沿って縫っていましたね。新品のボールは試合でしか使えなかった。毎日ではなかったけど、一日一〇個ぐらいは縫っていたかな。でも、苦に思ったことは全くありません。今は想像もできないと思いますが、バットもふんだんにあるわけではなく、レギュラー以外は竹バットを振って練習していました。

甲子園出場をかけて戦った一九六三年（昭和三八年）の夏の都大会の三回戦は今でも鮮明に覚えています。相手は法政一高（現法政）。一番打者の私が打席に立つと、背の高い捕手が声をかけてきた。そう、後に阪神で大活躍した田淵幸一さんです。一学年下でしたが、その頃から存在感がありました。試合は七回までリード。八回に田淵さんに同点打を打たれ、延長一一回で敗れてしまいました。もう悔しくて悔しくて、全員で大泣きしました。

私はセンターで一番打者としてレギュラーになっていました。高二の時翌土曜日が練習日でしたが、吉川英治の『親鸞』を読み始めたら、面白くてやめられなくなった。これがきっかけになって、家にあった世界文学全集や日本文学全集を片っ端から読み始めました。練習は一日サボりましたがお陰で読書に目覚めたのです。

と同時に、バンド活動もやっていました。友人らとロックバンドを結成し、当時世界的に人気があったベンチャーズのコピーをやっていたんです。学園祭を始め、都内のあちこちで演奏をしていました。女子学生にキャーキャー言われながら。

読書に耽り、バンド活動をやりながら野球もやっていたので、現役合格はだめでしたが、一浪して第一志望だった慶応大学法学部に入学しました。大学でも野球を続けようか迷いましたが、神宮球場でベンチを温める勇気もなかったので射撃部に入部。同時にバンド活動もやっていました。

帝国ホテルに入社

さて就活の時期になり、友人らの多くは商社とか金融を志望していたけど、読書好きだった私は人間にとても興味があったので、人間と深く関われる仕事は何かと調べているうちに、ホテルに行き当たった。じゃあ、ホテルならどこかと考えたら、それはやっぱり帝国ホテルでしょうと。

私が入社した一九六九年はちょうど本館が建て替え中で、一九七〇年の大阪万国博を見据え、客室を一三〇〇室ほどに増やす計画だった。入社してから知ったのですが、それまでの採用はほとんどが縁故で、大卒は一～二人ぐらいだったと言います。ですから私たちが、帝国ホテルが新卒採用に踏み切った初めての世代でした。

私の同期は大卒が一三人、短大卒が二五人、専門学校や高卒が七〇数人で新入社員は一二〇人～一三〇人いました。ちなみに本館がオープンした一九七〇年には一〇〇〇人ぐらい採用しているので、私たちは結構な狭き門だったと言えます。

帝国ホテルの華やかな歴史を知るのは、入社してから。帝国ホテルにはかつて劇場があ

＊**井上馨**（1836-1915年）
いのうえ・かおる　明治政府で要職を歴任、元老の一人として政財界に影響を与えた。

り、有名な音楽家などのコンサートが開かれていたので、学生時代に二度ほど訪れたことがあるけど、帝国ホテルの歴史などは全くと言っていいほど知りませんでした。

しかし、入社して社史などで帝国ホテルの成り立ちなどを知るにつれ、凄いところに入社してしまったと驚くと同時に、自分の先見の明に自信も生まれました。

少しだけ、帝国ホテルの歴史を紹介させてください。

帝国ホテルは一八九〇年（明治二三年）、明治政府が海外からの賓客を宿泊させるのを目的として、東京・日比谷に建造されました。当時の外務大臣井上馨*が一八八三年に鹿鳴館を建立しましたが客室が一〇室しかなくホテルとは呼べない建物だった。七年後に井上馨が再度提唱し、渋沢栄一**などの財界人が協力し、日本の迎賓館として帝国ホテルが誕生したのです。当時は明治政府が筆頭株主で、渋沢栄一が二〇年間、会長を務めていました。

最初のホテルは、ネオ・ルネッサンス風の瀟洒な建物で六〇室あまり。しかし、海外からの賓客が増えるにつれ収容できなくなり、建て替えに迫られました。その時に支配人だった林愛作の知人でもあったフランク・ロイド・ライト***に建て替えの設計を頼んだのです。しかし、ライトは設計に拘るあまり、予算が七倍、工期が二倍に膨れ上がりました。林は金策に駆け巡り、ライトは解雇され、米国に帰国してしまうなど、度重なる艱難辛苦を乗り越え、後世に名建築と謳われた新館が一九二三年（大正一二年）にオープンしました。

*****ライト**（1867-1959年）
Frank Lloyd Wright　アメリカ合衆国の建築家。近代建築の巨匠の一人。

****渋沢栄一**（1840-1931年）
しぶさわ・えいいち　明治政府で官僚も務めた実業家。多種多様な会社や経済団体の設立・経営に関わり日本資本主義の父と称される。

そしてそのオープン当日、なんと関東大震災に襲われたのです。

東京近郊は死者一〇万人を数えるほどの大惨事になったのですが、建物の被害はほとんどなかったそうです。さすがライトが智慧を絞り尽くして設計したホテルと、その建築美以外にも大きな注目を集めました。震災後は、各国大使館の仮事務所としてしばらく使われていたといいます。

ちなみにこの旧ライト館本館はその形状の美しさから「東洋の宝石」と称され、海外の賓客に愛され続けてきました。しかし、老朽化が進んだことから、一九六七年に解体するにあたって世界から反対運動が起き、現在は愛知県犬山市の明治村入り口に玄関部分が移築されています。

このように、帝国ホテルは誕生したときからブランドでした。ソニーにしろホンダにしろ、トヨタも含めて日本が誇るブランドは、創業者から何年もかけ、たゆまぬ努力と研鑽を繰り返しブランドとして醸成されていくのですが、帝国ホテルはスタートから、日本が海外に誇る宿泊施設として建築された歴史がありました。ただ、一三〇年以上経った今も、そのブランド力を保ち続けてこられたのは、先輩たちが希釈させず、少しの毀損もなく大事に守ってくれたお陰といえます。

トイレ掃除が最初の仕事

そんな輝かしいホテルで、私のスタートはトイレ掃除でした。新人研修終了後に配属されたのが宿泊部客室課ハウス係。いわゆるハウスキーピングのセクションですが、新人はトイレ掃除です。一瞬「ええーっ、トイレ掃除ですか！」と思ったものの、すぐに「まさか帝国ホテルで一生トイレ掃除ということはないだろう」と思い直した。家族に「トイレ掃除係になった」と報告しても、同情してくれるどころか、「あ、そう。頑張んなさい」と、軽くあしらわれていましたね。

ただ、大卒の同期でトイレ掃除は私だけだったし、レストラン部に配属された同期が「毎日試食させられるんだ」と笑顔で話すのを見て、帝国ホテルの料理を毎日食べている人と、トイレ掃除ばかりをしている自分の違いはなんだ、と思ったことも事実。それでも「こんなことぐらいでへこたれる奴は会社としていらないということなんだな」と考え直し、それなら「プロのトイレ掃除屋」になってやろうと決意しました。

家でもトイレ掃除はしたことがなかったから当初は覚悟が必要でした。えい、やっ！と便器に素手をつっこみ、一心不乱にゴシゴシ磨き続けた。すると何日も経たないうちに、綺麗になっていくトイレを見て爽快感を味わうようになっていきました。清潔はホテルの基本中の基本。だから客室のトイレだけではなく、パブリックスペースのトイレ、従業員用のトイレも担当しました。

するとある日、パブリックスペースのトイレに手を突っ込み、無心でゴシゴシやっていると、見知らぬ男性のお客様にこう声をかけられたのです。

「あなたが毎日綺麗にしてくれるから、気持ちよく使用させていただいています。ありがとうございます」。

びっくりしました。こんな地味な仕事でも評価して下さるお客様がいると感動し、テンションは爆上がりです。その時に自分も、どんな仕事でも目を向けて、評価できるような人間になりたいと思いました。

その年の夏には、当時二か月間だけオープンしていた上高地帝国ホテルに勤務。そこでの仕事も、風呂、トイレ、ロビーの掃除担当でした。当時、各客室には浴室がなく、共有の大浴場と予約制の個人風呂。大浴場は広いのでタイル磨きは結構力が必要。終わるころは毎日汗が噴き出ていました。

客室の掃除は竹谷年子さんという大ベテランに指導を受けたんです。ちなみに竹谷さんは八〇歳で帝国ホテルを辞めるまで客室一筋の方で、海外の重鎮たちに愛されていました。

とにかく目の付け所が違うんです。トイレを一点の汚れもなく磨き上げたと思ってもこんな注意をされる。

「トイレを上から見て綺麗にしたと思うのは大間違いです。お客様は、バスタブに浸かるとトイレの横も視界に入ってきます。便器だけを磨き上げても、完ぺきではないんです。あらゆる視点から汚れをチェックしなさい」。

なるほどなあ、と思いました。またバキュームは、部屋の奥からかけることも教わりました。それは自分の足跡を一切残さないためという。

そして先輩たちは皆さん丁寧で仕事が早い。自分も早くその域に達したいと考え、せっせとトイレ掃除に精を出していました。また、客室のトイレットペーパーが芯から残り三cmになったら新しいものと取り換えるんです。少なくなったトイレットペーパーは他のものに巻き直し、従業員用にしていました。

大卒の同期がベルボーイや調理部門に配属されるのを羨ましいと思ったこともありましたが、今考えると、トイレ掃除からスタートして本当に良かったと思います。繰り返しになりますが、清潔はホテルの命綱でもありますし、掃除をしながら視野が広がったことで、人が気づかないことにも気が付くようになりました。

例えば社内を歩いている時、意識しなくても「天井は汚れていないか」、「壁は剥がれていないか」、「ゴミは落ちていないか」と目線が向きます。そうすると自然に「ここに汚れがついています。早く見つけてください」、「壁紙に傷がついています。早く治してくださ い」、「ここにゴミが落ちています。早く拾ってください」と向こうから語り掛けてくるんです。多分これは、ハウスキーピングで磨いた設備や施設との無意識の対話力ではないかと思います。施設の無言の能力をキャッチする力は、役職が変わっても消えることはありませんでした。

新人時代は「トイレ掃除のプロになる」と覚悟を決め、毎日精魂込めてゴシゴシやっていましたが、トイレ掃除というのはどうも精神を鍛えてくれる作業でもあるらしい。そのことを知ったのはしばらく後ですが、自動車用品の販売会社のイエローハットを創業した鍵山秀三郎さんのインタビュー記事を読んだ時でした。

一九六一年にイエローハットの前身であるローヤルを創業したとき、社員はやんちゃな車好きばかり。彼らの心を穏やかにするには職場環境を綺麗にすることだと社長自らトイレ掃除を始めたそうです。社員には強制しなかったため、社長がトイレ掃除をしている最中に平気で用を足す社員もいたとか。

しかし、一〇年間続けると社員が手伝い始め、二〇年過ぎたころには全員が進んで掃除をやるようになり、自店舗だけでなく近所の道路や公園のトイレも掃除するようになったそうです。同時にお客から絶大な信頼を寄せられるようになり、会社は急成長。
鍵山さんはトイレ掃除の効用をこうおっしゃっていました。
①謙虚な人になれる。謙虚になると周囲の人たちの対応が変わってくる。
②気づく人になれる。この便器は汚れていないと思っても、いざ掃除を始めるとここも汚れている、あそこも汚れているといろいろな汚れに気づく。すると、今まで床にゴミが落ちていても平気だったのが気になるようになる。これまで見えなかった細部が良く見えるようになる。
③感動の心を育む。自分で懸命に掃除し綺麗になると言葉にならない達成感、充実感が生まれる。この実感が感動になる。
④感謝の心が芽生える。感動と感謝は表裏一体。感動しない人は感謝しない。
⑤心を磨く。汚れたものを毎日磨くことによって心も磨かれ、一日に何回も利用するトイレがきれいだと自分の心も綺麗になっていく。
鍵山さんのこんな考えを知った時、まさしくそうだと膝を打ちました。私も少なくてもトイレ掃除をすることによってこの五つの効用は確実に得ている。特に①の「謙虚」は私の座右の銘にもなっていますし、どんな立場になっても謙虚さを失わないことによって、多くの知己を得ることができたと考えています。付け加えるなら、鍵山さんのトイレ掃除

運動「日本を美しくする会」は、社員だけでなく全国規模に広がり、現在は海外にもトイレ掃除に行っているようです。

謙虚さがチャンスをもたらす

このように私の修業時代をあげるなら、入社一年目に配属された宿泊部客室課ハウス係でトイレ掃除に喜びを感じホテルマンとしての素養を身に着けたことが大きいですが、私の修業時代はまだまだ続きます。

入社三年目に新たに新設された営業企画室（現ホテル事業統括部）に異動になりました。しかし、新設されて間もない部署だったので暗中模索のスタート。一九七四年に客室料金改定という大きな仕事が舞い込み、私が新しい料金体系を企画立案する大役を仰せつかったのです。当時は約一〇〇〇室を抱える京王プラザを始めとする大型ホテルが続々と開業し、第一次ホテル戦争と言われていたほど競争が激しかった。客室の稼働率は良かったものの、ホテル競争に勝つためには客室単価を上げざるを得ない状況でした。

しかし、いきなり客室単価を引き上げてはお客様が納得しない。そんな時、上司の河合佐一郎さんから「アメリカのホテルでは、一室一名料金と二名料金という価格設定があるらしいので勉強してみて」と告げられました。そこですでに米国に根を張っていた日本航空の友人に相談したり、ウォルドルフ＝アストリア*など高級ホテルなどの資料を取り寄せ、勉強を始めたのです。今、考えれば入社三年目の若造に会社の根幹をなすような料金の改定の立案を任せるなど、上司の河合さんを始め当時の先輩たちも随分太っ腹だったと思います。

当時、帝国ホテルの客室の広さは一番小さなシングルルームでも三二㎡あった。ツインは四二㎡で他ホテルより大分広かった。この広さを最大限利用し、部屋にベッドをもう一台設置し、ツインかダブルにレイアウトし直し、料金体系を一名料金、二名料金の設定を新たに設けるという企画書を書き、料金シミュレーションを何通りも考え出しました。

河合さんは私が作成した企画案を持って取締役会にかけた。今でこそこの料金体系は当たり前になっていますが、当時は日本初だったので取締役会ではもめにもめたらしい。しかし、最終的には承認され、これによりシングルルーム料金を大幅に値上げ出来たのです。一名料金、二名料金の発想自体が日本人には馴染みがなかったので、他のホテルからは、帝国ホテルの施策は魔法のようだと話題になりました。

また、いきなり日本航空や日本貿易振興会（ジェトロ）に営業にも行かされました。営業なんてしたこともなかったし、そもそもお客様は向こうから来ると思っていたので、営

*ウォルドルフ＝アストリア
ニューヨーク市マンハッタン区にある高級ホテル。

業のイロハを教えてくれる人もいない。それでも素直だから「行け」と言われれば「はい」と。「こんにちは」から始まるのですが、何度か通ううちに大型契約を成功させることが出たんです。

このような大きな仕事がなぜ、新人に毛が生えたような私に任せられたのか。能力があったからではありません。多分、トイレ掃除で身に着けた「謙虚」さがあったからだと思います。自分でいうのもおこがましいですが、謙虚であれば素直になり、素直になれば上司や先輩から可愛がってもらえる。

そして上司や先輩が「こいつにやらせてみよう」ということになり、チャンスがどんどん与えられるわけです。もちろん私も、そんな上司たちに恥をかかせたくないから、与えられた仕事は全力でこなす。その相乗効果が私を育ててくれました。

取引先にも、常に謙虚さを失わずに接し、相手の期待に応えるサービスも考え出しました。日本航空は大事な取引先の一つです。その日本航空からある時、難題を突き付けられたのです。

「日本航空は高単価販売施策でビジネスクラス以上の単価を上げたいと思っているけど、宿泊をお願いしている帝国ホテルでどういうサービスをしてくれますか」。

利用客を送るカウンターパートとして、何か特別なサービスを考えよ、というわけです。

そこでフルーツバスケットやフラワーアレンジメントを提案したら「そんなものはどこのホテルでもやっている」と。

思案した挙句、本来なら料金が追加されるアーリーチェックイン、レイトチェックアウトを無料にします、と提案した。日本航空には、それは利用者にとっては大きなメリットと喜ばれましたが、上司を口説くのが大変だった。何せ社員の多くが国際線に乗ったことがないから、アーリーチェックイン、レイトチェックアウトの有難さが分かりませんでした。

それでも「どうしてできないんですか。日本航空は優先的にお客様を誘導してくれるというし、客室販売数が増えることは間違いありません。しかも、帝国ホテルの宣伝もしてくれるから、海外での知名度も上がるんですよ」と口説き続けた。結果的にこのプランは通りましたけど、今考えれば、入社三年目ぐらいの社員の提案を受け入れた帝国ホテルは相当太っ腹だったなと思いますね。

日本航空とは他にも色んなジョイント企画がありました。またある時に、担当者から「日本という知らない国に来て、アポイントメントを取るときにヘルプしてくれるサービスはないのか」と聞かれたんです。「セクレタリーサービスをやっているテナントがありますす」と答えると「そうじゃなくて、ホテルのサービスの一環としてやって欲しい」と。

そこで、取引があった日本貿易振興会が浮かんだ。ジェトロに人を出していただいて、エグゼクティブサービスラウンジを新設すれば新たなサービスが展開できると閃きました。昼はビジネスサポートをやり、夜はバーにして寛いでもらう案です。

参考にしたのは、一九七一年にオープンした会員制レストランのゴールデンライオン。ゴールデンライオンの会員になると帝国ホテル直営のレストランはもとよりテナントとして入っているなだ万や吉兆を始めとする和食、中華、寿司などがすべて食べられるという特典、今でいうなら館内 uber eats ですね。

そのゴールデンライオンスタイルを日本航空のお客様にもアレンジして提供しようと思いついた。日本航空の当時の社長も「センチュリー21」という名前にしようと大いに乗り気。名前まで決まった以上は、私もホテル側を説得しなければなりません。上司を必死になって口説き、何とか承諾を得たものの、レストラン部の課長に雷を落とされました。

「馬鹿野郎、何考えているんだ！　そんなことができるわけがないだろう、組合だってあるんだし」。

当時は組合が強かったので、社員に余計な仕事はさせられないと頑として首を縦に振ってもらえなかった。だから私も負けじと「組合を怖がっていたら仕事なんかできないじゃないですか！」と言い返す。当時私も立派な組合員でしたけど。

その代わり日本航空も、どれだけ多くの乗客を帝国ホテルに送るかを考えてくれていたし、彼らの広報媒体でも帝国ホテルを何かにつけ宣伝してくれていた。日本航空とジョイントすることがどれだけメリットが大きいかを粘り腰で話し、最終的にはレストラン部の課長にも「分かったよ。負けたよ。それにしてもお前もよくやるな」と呆れられながらも納得してもらったのです。

私が企画した案が社内会議などで通ると、上司の河合さんから「アメリカ現地の日本航空とJTBに行き、日本のホテルとしてアメリカでどのような営業をやったらいいのか学んで来い」との任務を仰せつかった。それまで、ホテルは受け入れるだけで攻めの営業はしてこなかった。その考えを一新し、米国での顧客開拓方法を、先陣を切っていた日本航空とJTBに学んで来い、というわけです。

ですから私の初めての出張は、大阪や名古屋ではなく、なんとアメリカ。もちろん初めての海外です。右も左も分からない私に、今まで一緒に丁々発止をやってきた日本航空本社の方々や私の上司が、現地の人たちに私をアテンドするよう頼んでいてくれたのです。このように社外の人にまでサポートしていただけたのは、「誠実そして謙虚な態度」を一時も忘れなかったからだと思います。

米国で顧客開拓

こうして入社五年目の私は大役を仰せつかり、一九七四年二月に米国に向け出発しました。ニューヨークでは、客室料金体系の見直し時に参考にさせてもらったウォルドルフ＝アストリアに宿泊し、日本航空米国支店の支配人室のスタッフだったマイケル・カーツさんをはじめとするスタッフの方々に会いました。カーツさんが、「それぞれの支店の各マネージャーには連絡を取ってあるので、明日九時にニューヨーク支店においでください」と言われた。

翌日、七階の支配人室にお伺いすると、いきなりカーツさんにこう言われたのです。「状況が変わりました。今、近隣都市のセールスマン三〇人と大きな会議をやっています。そこでぜひ、お話ください。その方が帝国ホテル、いや小林さんの為になります」と。一瞬、頭が真っ白になりました。一対一ならともかく、大勢のアメリカ人の前で帝国ホテルを代表して挨拶するなんて！　とんでもないことが起きてしまった。人生最大のピンチです。支配人室の七階から会議室がある四階に降りるエレベーターの中で覚悟を決めました。そもそも「Hello everybody」から挨拶するのか「Good morning, my name is Kobayashi」

から言えばいいのかなどと決めかねているうちに、もう会議室に到着。

コの字型に設けられた机に座っているアメリカ人たちの視線が僕に集まります。一呼吸を置いて私は繰り出しました。

「帝国ホテルへ、アメリカからのお客様を増やすにはどうしたらいいかを伺いにまいりました」。

そして一〇分ぐらい喋ると、興味を持っていただけたのか次々に質問が飛んできました。予想外の展開に冷汗が出ましたが、この時の経験は私にとって宝物になりました。以降、どんなピンチに遭おうが、覚悟を決めて向き合えれば、乗り越えられると学んだのです。

この経験は、トイレ掃除と同じくらい大事な私の修業時代のエピソードになりました。

何とかプレゼンテーションを終え、夜は皆さんが飲みに誘ってくれました。名刺交換をしながら、多くの話題に花が咲き「こういう魅力的な人たちが米国で日本を売る営業をしているのか」と実感。米国で人脈を広げることの重要性にも気づかされたのです。

そこで帰国してすぐ、米国は大きなマーケットなので帝国ホテルとしても独自の営業をすべきだと河合部長に報告しました。すると即座に承認され、アメリカの旅行会社が予算編成をする六月にタイミングを見計らい、課長を筆頭に四人がセールスマンとして送り込まれた。もちろん私もその一人。

この頃のアメリカ出張を「Sales Blitz to USA ＝アメリカ営業電撃作戦」と名付け、まずニューヨークに入りました。そして四人が別々にルートを分かれ、二泊三日のペースで各都市を回り、営業と移動を繰り返したのです。今のように携帯電話もなかったので、シカゴやダラスなどの大都市で落ち合い、お互いの無事を確認したらまた別々に移動するというスケジュールをこなし、全米を回りました。とても過酷な日程ではありましたが、成果も現れ始めました。

大きな企業には飛び込み営業もしました。アメリカンエクスプレスとかフォードとか。当時自動車界でその名を馳せ、フォード社長からクライスラー会長になったリー・アイアコッカの勧誘にも行きましたね。デトロイトに行って、いきなりアイアコッカに会いたいとはさすがに言えないため、海外渡航を担当しているセクションの役員クラスを調べ、コンタクトを取った。すると意外にも「よく来たな。ランチでもどうだ」と誘われた。帝国ホテルの名前に助けられましたね。その人曰く「普通なら取り合わないけど、インペリアルだから」と。色々貴重な情報ももらいました。

アイアコッカのような超ＶＩＰが泊まるときは、先にインスペクター（検査官）が来日し、事細かにチェックする。こちらも精一杯プレゼンテーションするんです。それで、お眼鏡にかなえば、ＶＩＰが宿泊するという段取りです。その後、アイアコッカには何度か宿泊いただきました。飛び込みで営業したことが、いずれ形になる。それがホテル従業員には大きなモチベーションになるんです。

皇室関係者も同じ。ただいきなりロイヤルファミリーには営業に行けないので、大使館を訪ね、私たちのホテルを知ってもらうことから始めます。

ホテルは限られたマーケットではなく、多くの職種に利用される。即ち全方位外交です。農業、鉄鋼、IT企業、飲食、芸術家、スポーツ選手など色んな職業のお客様がいて、しかも国籍も多様。勉強しなければならないことが無限にあります。そして一流ホテルであればあるほど、宿泊客も一流の人が多いので、常に刺激されることばかりです。

彼らのホテルに対する評価は、ハードウエアー、ソフトウエアー、そしてヒューマンウエアー、つまり、建物、組織、そして人が一流かどうか。ハード、ソフト、ヒューマンという言葉は、私が営業時代に作った言葉ですが、これが三位一体になり、高い次元でバランスが保たれてこそ、初めて高級ホテルと言われると思いますね。

話は逸れてしまいましたが、米国の営業活動「Sales Blitz to USA」は、若い人に営業を実地経験させ、お客様とのアポイントメントの取り方や食事のオーダー法、スマートな支払いの仕方やお礼の言い方など教える機会となっています。

最初は余り英語が上手ではなくても、現地で必死に努力すれば、言葉だけでなくマナーも鍛えられ、国際営業の人材を養う大きな役割も持っています。この作戦を一九七四年から三〇年間ずっと続けてきました結果、「Sales Blitz to USA」で育った社員は、後に私の発案で設けた海外案内所の所長として活躍するだけでなく、会社の幹部としても成長しています。因みに、現総支配人、現社長も各々ロンドン、ロスアンジェルス案内所所長の経験者です。

当時は出張の報告書を書ききらないうちに次の海外出張が入るという忙しさでしたが、海外で帝国ホテルの顧客を獲得するという、なんとも刺激的な毎日でした。もちろん、そんな目まぐるしい日々を乗り越えられたのは、初めての海外出張でいきなり、日本航空の三〇人の前でスピーチしたことで度胸が付き、あの日以来、ほとんどのことは何とかなると考えられるようになったことが大きかったと思います。

縁に気付き、大切にする

そして一九八〇年、三四歳の時に人事部労務課へ異動になり、労務課長になりました。これまでのキャリアを一八〇度転換するもので、労使関係や職場のまとめ方など、人間力を試される職場です。賃金体系の見直しやコンピューターの全館導入など、毎日のように組合と折衝していました。しかし、労使交渉は俎上に乗る案件のアプローチが異なるため、どうしても合意が難航してしまう。「お互いにより良い形を作りたい」と思っても、労務課長の私が妥協するわけにはいかなかった。辛くて人知れず涙することもありました。

労使交渉と並行して、新入社員の採用計画にも携わっていました。一九八六年から施行された男女雇用機会均等法に先立って、帝国ホテルは一九八二年から四年制大卒女子の総合職の採用の門戸を開きました。初年度は採用五名に対し、応募者数はなんと六〇〇名。一期生が優秀だったので、翌年も募集することになったのですが、その時も採用枠五名に対し、応募数は六〇〇名以上。

一人一人面接しましたね。その中に、飛び切り存在感のある女性がいた。面接での言葉使い、立ち振る舞い、そして語学力が飛びぬけていました。所謂オーラがあった。彼女こそ、後に政界で頭角を現すことになった野田聖子さん*です。

新人研修時に「帝国ホテルで将来あなたは何をしたいか」と記入してもらったところ、彼女は「帝国ホテルの総支配人になる」と。やっぱり彼女は面白いと思ったし、語学力に加えて度胸も据わっていたことから、女性初の総支配人になるかもしれないと期待しました。私はその後、再びセールス部（後の営業部）に戻り、国内と国際のセールス課長をしていたのですが、二年間の研修を終えた野田さんは営業部の配属になりました。つまり私

＊野田聖子（1960年生まれ）

のだ・せいこ　自由民主党所属の衆議院議員。当時最年少の37歳で郵政大臣に就任以来多くの役職を歴任。

の部下です。人事部長からは、ホテル初の女性セールスパーソンに育てるようにとお達しを受け、私は喜んで引き受けたのです。野田さんはケンタッキー州知事の担当をするなど、着実に営業成績を上げていました。

彼女のさらなる成長を期待し、幹部候補生の登竜門となった「Sales Blitz to USA」に参加させようとした矢先、「退職したい」との申し出があった。「君は総支配人になると言ってたではないか」と問い詰めましたが、政治家だった祖父の後を継ぎ政界に進むことを決心したと。自民党から岐阜県議会議員選挙に出るように依頼が来たのですとの説明があり、そんな事情では止めようがない。それで彼女にはこんな言葉を贈りました。

「帝国ホテルの総支配人のポストを振って政界に進出するのなら、政界の総支配人は誰だか知っていますね！　それに向かって頑張れ！」と。

彼女は今でも私のことを「ボス」と慕ってくれ、彼女主催の集まりなどでは帝国ホテルを使ってくれています。私たちも料理を切らさないなど、精一杯のおもてなしをします。

さて、私は「縁《えにし》」というものをとても大切にしてきました。ホテルは縁が生まれる宝庫です。その環境を生かさない手はない。人と人が会う場所ですから。

営業部に戻ったある日、宴会場で行われていた結婚式の様子を見にいくと、主賓がこんな挨拶をされていました。

「小人は縁があっても縁に気づかず、中人は縁があっても縁を活かせず、大人は袖すり合うも縁とするという言葉がありますが、今日のお二人はやはり相当な縁の中で出会ってそれを結婚まで育て上げられて今日というめでたい日を迎えました」と。

小人は縁があっても縁に気づかず、中人は縁があっても縁を活かせず、大人は袖すり合うも縁とする——。この言葉は仕事にも個人的にも使えると考え、営業会議でもよく使っていました。やっぱり縁に気が付くことが大事で、気づいたら発信する。発信しなければ宝の持ち腐れになってしまうと。

こんな話を知人でもあった現エッセイストで、「週刊プレイボーイ」を一〇〇万部雑誌に育て上げた名物編集者の島地勝彦さんに告げると、彼はすかさずこう言いました。

「小林さんね、人生は運と縁と依怙贔屓《えこひいき》だよ」。

一瞬、依怙贔屓という言葉に眉をひそめたのですが、彼の人生を知っているだけに、すぐその言葉の深い意味を悟ったのです。

島地さんは大学を卒業して集英社に入社し週刊プレイボーイ編集部に配属され、柴田錬三郎、今東光、開高健など錚々たる作家の担当になった。大先生たちにあれやこれや無理難題を突き付けられたけど、誠心誠意対応した。そんな島地さんの姿を見た大御所たちは「島地、若いのになかなかやるじゃないか」と考え、「島地は一生懸命だから何かお返しをしなくちゃならない」と思うはずです。そうこうするうちに、出版社の社長が頼んでも書いてもらえないような原稿を、次々に寄稿してもらえるようになったそうです。

「何かしてあげなくちゃならない」と相手に思ってもらうまでその人のためにトコトン尽くす。それが、彼が言う依怙贔屓なのです。つまり上質な脳みそに裏打ちされた依怙贔屓ともいえます。その代わり依怙贔屓された人は「倍返し」しなさいとも仰っています。

そんな折、財界の方々と食事する機会が増え、ことあるごとに「依怙贔屓」の話をしてみたところ、ちょっと考えつつも「それは大当たり。真理だ」と皆さんおっしゃった。

皆さん、自分の若い頃や過去を振り返ってみると、あの時にあの上司に引き立ててもらった、あの専務に可愛がってもらった、それがあるから今があると。今度はそんな人たちがトップに立ち、懸命に仕事に取り組む有望株を依怙贔屓する。人間社会はそれが順繰りになっていくんだと思いますね。

振り返れば私の場合もそうでした。素直だったから上司や取引先の難題にも「はい」、「はい」でしたから。多分、上司には可愛げのあるやつ、と思っていただいていたのかもしれません。

直木賞作家で『帝国ホテルの不思議』の著書のある村松友視さんと知り合ったのもひょんなことからでした。たまたま仕事が終わり銀座のバーに出向くと、村松さんが大学時代の友人と飲んでいた。彼はその直前まで、帝国ホテルのオールドインペリアルで飲んでいたそう。そこで、オーダーしたお酒がダウンライトに照らされたカウンターの光の輪の中心ではなく、時計で四時方向に置かれるので、何か哲学があるのではないかと友人と議論していたところに、私が現れたものだからいきなり質問されてしまった。

もちろん、初対面です。その理由は私も知らなかったので、オールドインペリアルの支配人に確認したところ、「哲学ではなく、お客様のグラスがあった場所に置く」ということでした。後日帝国ホテルに宿泊していた村松さんにそのことを告げ、その後もやり取りしていると、帝国ホテルで働くスタッフに興味を持っていただいたらしく、後に『帝国ホテルの不思議』という本が上梓されたのです。内容に〝依怙贔屓〟はなく、作家特有の鋭いタッチで描かれていますが、企業名がタイトルになっている本には珍らしく、七万部を売り上げるベストセラーになりました。そして帝国ホテルの応援本にもなっています。

このように人との縁を大事にしてきたことで、仕事の幅が大きく広がったと自信を持って言えます。

セレンディピティ

実はこの縁の重要性を語るとき「小人は縁があっても縁に気づかず、中人は縁があっても縁を活かせず、大人は袖すり合うも縁とする」という言葉を使ってきたのですが、ある時これを一言で代替する言葉を知りました。それが「セレンディピティ」です。

セレンディピティとは、素敵な偶然に出会ったり、予想外のものを発見すること。また、何かを探しているときに、探しているものとは別の価値があるものを偶然見つけること。平たく言うと、ふとした偶然をきっかけに、幸運をつかみ取ることです。脳科学者の茂木健一郎さんの新聞コラムを読んで知った言葉ですが、それ以来、社員にはこのセレンディピティの重要性をこう説いてきました。

「人間じっとしていても始まらない。とにかく行動して人と出会いなさい。そして現象と出会いなさい。その出会いに気づくことが大事で、気づいたらそれを受け入れなさい。そしてそれを発信しなさい。そうすると自分も含め、周りもハッピーになる」。

ホテル経営というのはセレンディピティの連続だと言えます。お客様との出会いを大事にし、それを積み重ねてきたからこそ、帝国ホテルは一三〇年の歴史を紡いできたと言えます。私自身もセレンディピティは枚挙にいとまないほどたくさんありました。敢えて一つ上げるとしたら、米国のキャタピラー社長夫人との出会いでしょうか。

セールス部次長の頃、ある年の六月、一か月の長期出張が終わり、翌日シカゴから日本に帰るためにミネアポリス空港で搭乗を待っていると、フライトが変わったとのアナウンス。慌てて手続きしラウンジで待っていると、隣のアメリカ人のご婦人が「もし、お一人だったら私が荷物を見ているので、食事に行って来たらどうですか」というので、お言葉に甘えさせていただきました。

戻ってくると「日本の方ですか」、「どんなお仕事をなさってるの」と聞くので名刺を渡し、九月に子供が生まれることなどたわいもない話をして別れた。すると一二月に、ミセス・シルビア・ファイツと記されたクリスマスカードが届き「お子さんは無事生まれましたか」と。あの時のご婦人だとすぐに分かり、「マリコと名付けました」と返信。それを機に、年に数回カードのやり取りが始まりました。

するとそれから二年後、キャタピラー三菱（現キャタピラージャパン）のジョンソン会長の秘書からこんな電話がありました。

「会長が米国本社に出張に行った際、社長夫人から帝国ホテルの小林さんに届けるようにと預かり物があります。会長がそちらにお持ちいたします」。

要領が呑み込めず「社長夫人とはどなたですか？」と尋ねると「ミセス・シルビア・ファイツです」と。本当にびっくりしましたね。ミネアポリス空港で出会った時、品のいいご婦人だとは思っていたけど、まさか米国キャタピラー社の社長兼最高責任者だったドナルド・ファイツ氏の夫人だったとは！　ものすごく驚きました。

翌日、キャタピラー三菱の会長が小さな包みを抱えていらっしゃいました。そしてカードにはこう記されていました。

「お嬢さんが誕生してからお祝いできず申し訳ない。もう二歳ですね。これは二歳の誕生日プレゼントです」とカードに記されてました。プレゼントは南アフリカのクルーガー金貨ネックチェーンでした。

その翌年の夫人からの手紙でご主人の日本出張を知りました。ところが、帝国ホテルの予約にはドナルド・ファイツ氏の名前がありません。キャタピラー三菱の会長秘書に聞くと、宿泊先はオークラとのこと。すぐに私は、バラの花と手紙をオークラに送りました。その翌日、私が不在だったときに、ドナルド・ファイツ氏が帝国ホテルに私に会いに来てくれました。私は慌ててまたオークラに出向いたところ、夕食に出かける直前に五分ほどお会いするチャンスをいただき、ご夫人との出会いなどを語りました。

その翌日、キャタピラー三菱にお礼の電話を入れると、秘書の方から思いがけないことを告げられました。

「ファイツ社長のご希望で、次回からは帝国ホテルを利用したいそうです」。

私はファイツ社長の心遣いが飛び上がるほど嬉しかった。

それだけではありません。その後、日米財界人会議が日本で開かれることになり、ファイツ氏が米国側の議長として来日。夫人も同行されました。夫人とは五年ぶりの再会です。以来家族ぐるみのお付き合いをさせていただき、夫妻には娘の成長も見ていただくために、小学校入学、中学校入学時の写真を送りました。

ファイツ夫妻との交流は、偶然が偶然を呼んだと思われるかもしれません。しかし、偶然の縁を必然に変えるポイントはあったと思います。それは何かの縁でお会いした方には礼を尽くすこと。手紙の返信であり、お礼の電話であり、時には非礼を詫びるなど、「尽くすべき礼を尽くす」ことが大切なんだと思います。

私にとってファイツ夫妻との出会いはまさに、「セレンディピティ中のセレンディピティ」だったと思います。最初にファイツ氏に帝国ホテルでお目に掛って以来、社長、会長をされている間ずっと帝国ホテルを利用し続けて下さったのです。

一三〇年前に誕生した帝国ホテルは創業時からブランドだったと言いましたが、いつの時代にもこのセレンディピティを大事にしてきたからこそ、今も名門ホテルと言っていただけるのだと思います。

社員の底力が支えるブランド

私が取締役総合企画部長に就任した二〇〇〇年、帝国ホテルは一一〇周年を迎えましたが、景気の冷え込みもあって決していい環境とはいえませんでした。厳しい環境の時こそ、原点に返ることが必要と考え、「さすが帝国ホテル推進会議」というサービス向上運動をスタートさせました。ネーミングが大事と考え推敲を重ねた結果生まれた名称です。

帝国ホテルを評価するには「さすが帝国ホテル」か「帝国ホテルともあろうものが」のこの二点しかありません。それならすべてのお客様に「さすが帝国ホテル」と言っていただこうという思いを込めた運動です。そしてそのための九つの実行テーマと行動基準も策定しました。要は、お客様が私たちに給料を下さっていることを、社員全員が一致して認識しなければならないということです。そして「やってみせ、言ってきかせて、させてみて、褒めてやらねば人は動かじ」という山本五十六*の言葉ではありませんが、さすがと言われる仕事をした社員を褒めてあげることが大事なのです。

ホテルには年間、五〇～六〇件ぐらいお客様からの感謝のメッセージが届きます。それ

*山本五十六（1884-1943年）
やまもと・いそろく　海軍軍人。連合艦隊司令長官。前線視察中に戦死。

を「さすが帝国ホテル推進会議部長会」で厳重に審査し、受賞者を選びます。受賞者が決まると、社長がその人の職場に出向きギャラリーの前で「あなたのこういう行動が評価されました」と祝辞を述べ、金一封を渡します。受賞者は「私一人ではできませんでした。職場の皆さんの助けがあったからです」というような答辞を語ることによって、職場の皆さんのモチベーションがあがることになります。

例えば、ある年はルームサービスのウエイトレスが受賞しました。彼女はルームサービスの料理を運びつつ、何気にテレビのコントローラーの位置を直し、乱雑においていた新聞も整理していったという。そしてたまたまそのお客様が、彼女が部屋を出た後にドアスコープから覗くと、ドアに向かって深々とお辞儀をしていた。「有難うございました。ゆっくりお過ごしください」という気持ちがそういう仕草になったんでしょうが、そんな彼女の態度に感動したお客様が、ホテルにメッセージを残しました。

表彰時に社長の私が、お客様のメッセージを読みながら、あなたの態度は素晴らしかったというと、彼女は泣くし、他の社員も感動して涙を浮かべていましたね。他の社員も大きなモチベーションになったと思います。

手前味噌になりますが、帝国ホテルの社員は本当に素晴らしいと思います。そう感じたのは二〇一一年三月の東日本大震災の時の対応です。あのような予期もしないことが起きると、人間の素養が露わになるからです。

当時私は社長でした。あの日、帝国ホテルは、企業トップや大使館などを招き「開業一二〇周年感謝の集い」を行っていました。午後二時くらいにすべてのお客様をお送りし、ほっとしている時にグラグラッときたのです。すぐ災害対策本部を立ち上げたのですが、対策本部が帰宅困難者を受け入れるようにと指示を出す前に、現場ではロビーに椅子を並べ、テレビのモニターを何台も出し、ブランケットを配り、携帯の充電器をズラリと並べるなど、帰宅困難者の受け入れの準備を始めていました。

避難された方はロビーや廊下、宴会場などに二〇〇〇人ぐらいはいたと思います。その人たちに乾パンやビスケット、ブランケット、水を配るため社員たちは館内を走り回っていました。非番だった社員は、歩いて出勤し、お客様のケアにあたっていました。

夜一二時ごろになると、総料理長と総支配人が私のところに来て、「寒いし、お腹もすいていらっしゃるだろうから、これから朝食用の野菜スープを作ろうと思います」と。「二〇〇〇人分をこれから作れるのですか」と聞くと「今からやれば大丈夫です」という。そして翌朝には紙コップではありましたが、避難された方全員に温かいスープを配ることができました。その後、感謝の手紙が続々届きました。社員の咄嗟の行動をこれほど誇りに思ったことはありません。

また、社員の底力はコロナ禍の最中にも見せつけられました。パンデミックで人々の移動が止まり、ホテル業界は大打撃。稼働率も急降下です。そこで、定保《さだやす》社長が社員に打開策のアイディアを募集したところ、なんと五〇〇〇件ものアイディアが寄せられました。社員は二〇〇〇人ほどですから、一人で二〜三件のアイディアを寄せたことになります。ホテルに対する強い愛情を感じましたし、経営を自分事として考えてくれていたことが何より嬉しかった。

その一つが評判になったサービスアパートメントです。部屋を五日ないしは月決めにし、ホテルのサービスを受けながらアパートのように使っていただこうというプランでしたが、三〇泊（三六万円）からの連泊プランは、対象の九九室が即日完売。一六五室にまで拡大しましたが稼働率は八割と高くなったため、タワー館の全三四九室にまで広げました。

このプランは帝国ホテルの窮地を救ったのは事実です。究極時の社員の底力を見るにつけ、一三〇年の歴史で培ってきたセレンディピティを強く感じるのです。

私自身も帝国ホテルに育てていただきました。

帝国ホテル東京は、国際的ベストホテルとしてさらに高みを目指すため、二〇二四年から二〇三六年頃までの期間、グランドホテルとなる新本館と複合ビルの新タワー館を建設する予定です。また、新しい時代の幕開けです。一三〇年前に生まれたときからブランドだった帝国ホテルは、社員個々がさらにブラッシュアップし、世界のＶＩＰの心に分け入るようなサービスをしていく。それこそが、帝国ホテルクオリティだと信じています。

能楽師への道

片山九郎右衛門

かたやま・くろうえもん
一九六四年生まれ。
シテ方観世流能楽師。
片山家十世当主。
本名、片山清司。

今、伝えたいこと

今回「私の修業時代」というテーマをいただきましたが、能楽師にとっては死ぬまで修業ですから、学校で学んだ時期とか、限定した期間についてお話しするわけにもいきません。私の今までの人生を漫然と述べさせていただくようになりますが、どうかお許しください。

伝統芸能とか世襲制度のある世界で、どういう風に自分を磨いて今に至ってきたかということを話すのは、たぶん初めてだと思います。確かまだ私が若い頃で三〇歳ぐらいだったと思いますが、「家元制度ってどう思ってるの?」みたいな話を聞かれたことがあります。うちの祖母*がまだ元気だったので「逆にアットホームな気心の知れた中でやっていく分には結構寄り道をしないシンプルな方法だと思いますけど、規模が大きくなると難しいですね」と言いました。何をどうやって続けていけるかなということを念頭においた上で、徒弟制度の良さとデメリットという価値観が自分の中ではすごく変わってきていると思います。厳しくてスッとするようなものがあればいいと思っていたあの時代とは違い、さてどうやって能というのを次世代に続けていこうかと考えてしまいます。自分はこの歳になって、観てもやっても聴いても素晴らしいなと思えるようになってきた能という芸術を、どうか残して欲しいなという思いが、本当に一番大きくなってきている。そういう状況の中で、無理をさせられるものと無理をさせられないものの見極めというのが、時に触れ人に触れ両面でやっていかないといけない時代に、我々の経験してきた、うちの父たちのもっと前の世代がやってきたことよりも、システムのほうがどんどん硬直化してるかなと思えるのがすごく残念です。能楽界自体が抱えている問題はそこにあるんだなということがわ

*井上八千代(1905-2004年)
いのうえ・やちよ　京舞井上流四世。人間国宝。本名、片山春子。

かります。舞台の上が一番重要なのであって、そこで心より心へ伝えていくようなものが仕上がらないと、どんなにエンターテイメント性があるといっても、能は能で無くなってしまうんだなということをすごく感じています。それを皆さんに知っていただいて、この時代の人間が次の世代に継いでくれることを本当に渇望したということだけは伝えたいなと思っています。

能楽師とは、世襲制度とは

この本の読者の方は、能の世界には馴染みが薄いと思いますので、能の役割分担について簡単に説明します。能はシテ方、ワキ方、囃子《はやし》方、狂言方にそれぞれ役割が分かれています。シテ方はシテ、シテツレ、地謡《じうたい》**、後見などを担当します。ワキ方はワキとワキツレ、囃子方はそれぞれの楽器演奏、狂言方は喜劇である独立した本狂言と能のなかのひと役である間狂言を担当します。能楽師にはどういう人がなるのかというと、シテ方に限って言った場合、親とか親戚とか誰かが能楽に関わってる家に生まれて引き継いでやってらっしゃるいわゆる世襲の方と、全然違う世界から能の世界に入ってきて能楽師になった方がいらっしゃいます。歌舞伎の場合には基本的に主役クラスはこのお家というのが決まってい

**地謡
能における斉唱隊。ト書きふうの説明、情景描写、心理描写などを謡う。

て、外から入ってくると大部屋でその他大勢にしかなれないのが基本です。中には芸養子という形で家柄のお家に入って継いでいく方もいらっしゃるけれども、基本的にはその家に生まれて子どもの頃から舞台に立つことをなさっているのでしょう。それに比べると能楽シテ方の場合は、外から入ってきても、どこまで平等か分からないけど、今までは十分にチャンスはあったと思います。

私は世襲の家にどっぷり浸かって十代目の片山九郎右衛門ということなんですが、うちの家そのものが京都の観世屋敷に支配人みたいな形で入ってくるまでに、おそらく何かやってただろうなと思います。いきなり来てすぐ立方になるということは、なかなか出来ないだろうなと思うんです。世代を繋いでいくということは、アーティストとしてシテ方の芯の家になるということはもちろん、主役を務めさせていただくこともあります。もう一つはプロモーター的な役割です。昔は座（劇団）制度がありましたし、近年までシテ方がほとんど独占してやってきました。狂言方は戦後は狂言だけの公演もできていますから、そこでは外れていきます。いわゆる三役のうちの囃子方とワキ方というのは、一蓮托生の中でシテ方がプロモートするという時代が長く続いていました。当然その世襲の中でそのノウハウとか、どれぐらいざっくり金額がかかって公演ができるかとか、引き受ける手続きのこととか、そういういわゆるプロモート的なことをやっているからこそ、逆に世襲が続いていき、人も寄ってくるということで、世襲制というのが続いてきたのかなと今は理解しております。もちろん技術の伝承や、家へのよその方からの期待感とか、逆に身分制度に準ずるような意識があったのは否めませんけど、結局求心力というのは仕事を持ってくる人ということが、今に至るまで一番大きいということなのでしょうか。当然道具なんかも集まってくるし、それを使ってみんなが能をやっていくということが、うちの家の実質の起こりかなと思っております。ただ実際に京都は特に全国に先駆けて謡《うたい》文化というのが広がっていって、アマチュアの玄人はだしの方がたくさんいらっしゃるので、そういう方を勧誘していったり、それぞれの方々が五軒家を筆頭に色んな門人を抱えて、それが集まったり会を成り立たせるだけの勢力を江戸時代も繋がって保っていました。京都は、蛤《はまぐり》御門の変*のところでほぼ灰燼に帰しまして、それ以前とそれ以降でガラッと状況が変わってると思います。片山家が作った『三輪』の小書（特殊演出）『白式神神楽《はくしきかみかぐら》』なんかでも、結局あれは江戸の残り香みたいなもので出来上がっていて、あれができてから駄目になっちゃうわけですね。それをもう一回立ち直らせてきたというのは、世襲の家というものが能というものに対する色んな愛着とか伝手《つて》を持っていたので、明治維新後に東京で復興するにしたがってまた京都のほうをもう一回復興してきたのかなと思っております。そういう意味で言うと世襲という根が残っていたということは良かったと思わないといけ

＊蛤御門の変

1864年に京都から追放されていた長州藩勢力が会津藩主らの排除を目指して起きた武力衝突。

ないかなと考えています。現代の世襲制度というのは、やはりプロモーター的なところと、芸を教えるためのノウハウみたいなことが残っているお家ということで、それを繋いでいけないかなと思っています。そこに寄ってくる人の中で自由に、ここから先は師匠家の懐の深さというものが有るか無いかで、お弟子さんたちが育っていく場所や育ち方というのは、家単位での個人差みたいなものが出てくるでしょう。京都の場合は特に大学のクラブ活動なんかも盛んでしたから、そこをきっかけに入ってくる能楽師というのもいらっしゃるように思っています。そういう方々を受け入れていきながら。でも結果的にうちの家に来てる人たちは、二代三代にわたる能楽師の家の人がほとんどで、それ以外の人は映画を観て憧れて入ってきたという人も中にはおります。

幼少時代

アーティストとして役者としての存在と、シテ方がプロモーターとして座長として機能してきたことと、役割が大きく二つあります。私は両方の立場を持っています。他の家に生まれてたらそうではなかっただろうけど、片山家に生まれたからこういうものを自分がすごく意識してきたという部分があったのです。物心ついたときに能の片山家と、京舞の井上家とがひとつになった家がありました。客観的に振り返っても、芸事に関しては逃げ場のない家でしたね。確かにうちの母から「能が好きで能の稽古を一生懸命するのか、それとも嫌なんやったら勉強のほうをもっと頑張らなきゃあかんやないか」と言われましたが、とにかく勉強は好きではないので「そしたらもっと稽古せなあかんやろ」と母に叱られたことはありました。能楽師の父や京舞の祖母*(前出、四世井上八千代)は、やって当然という昔ながらの感覚でしたね。私が生まれた頃は高度経済成長の真っ只中ですし、みんなこの仕事のデメリットなんてあんまり感じてない時代ですから、父なんかは「何でやらへんのや」みたいな。祖母も「こんだけ苦労して続いてきたんやさかいに、やって当然」と思ってたのでしょう。思春期なんかに入ってくると、祖母のほうは変化をじっと見ていて「変な気を起こしたらあかんよ」と。「変な気って何なんだろう?」と思ったんですけど、変な気というのは迷ってやめてしまうということだったんです。やっぱり祖母の目のほうが長いスパンを見ているのか、そういう人たちも見てきたからでしょうか。

家の中の話題がどうしても芸事中心になってくるので、子ども心にも背伸びしてでも会話についていきたいと思っていました。今みたいに家族がバラバラにご飯食べるなんてその頃はありえなかったので、みんなでご飯食べてるわけですから、うちの家に書生さんで入っておられる方たちも、食事になると一緒にワイワイそういう話になっていきます。そ

＊片山幽雪（1930-2015年）
かたやま・ゆうせつ　九世片山九郎右衛門。人間国宝。本名、片山博太郎。

うしたら「この間の舞台は」みたいな話になってきてしまうのです。その頃は私がやってるわけではありませんから、多くは祖母の舞台であったり父の舞台であったり「どこがどうだった」とかいう話で、そこへしょっちゅうよその方々が飛び入りで参加されて。とにかく今では考えられないですけど人の出入りの激しい家でしたから、その中で息をひそめながら話を食い入るように聞いていました。でも引っ込み思案なので、自分から喋ることはないんですけど、色んなことについて行きたいと思ってる中で、自然に自分で稽古を始めたりとかすることになったのかなと思います。

薙刀《なぎなた》が置いてあったりとか、あるいはみんながやっていることの真似事をちょっとつられてやってみたいなと思うこともありましたけど、おもちゃの能面みたいなものがゴロンと転がしてあったりとか、そういうものがおもちゃ箱の中に入ってたりとかして、自然にそういうことを何世代もやってきたかなと思うシーンはあったんです。でも、私の場合はおもちゃとかじゃなしに本物でした。直近の先輩として、一三歳ぐらい上なんですけど青木道喜*さんが長いこと片山家におられて、彼が一生懸命稽古をしていて彼が道具を使ってやってるのを見て自分もやっていくようになったんです。ですからうちの父母は青木道喜さんが稽古の道に僕を引き込んでくれたことにはすごく晩年まで感謝をしてました。ご飯の場でもある場所が、時間が変わると全部稽古の場になってしまうという環境が、よくも

***青木道喜**（1950年生まれ）

あおき・みちよし　観世流シテ方の能楽師。

悪くも私たちの生活の場でしたから、そこで自然に稽古ができたのかなと思ってます。青木さんはその頃は内弟子みたいな感じで、住み込みで七年ぐらいいらっしゃったはずです。卒業される時に悲しかったし寂しかったです。そういう家族的な繋がりの徒弟制度で色々やってました。

子方で舞台に立つ経験

子どもの頃は、子方《こかた》（子どもが演じる役）で舞台に立つことがありました。怖かったです。緊張しやすいたちだったので「セリフ間違えないだろうか」とかすごい神経質だったと思います。本当にお約束のように間違うと、幕に入ると仁王立ちになってる父がいて、こんなこと今は言えないですけど、かなりぶん殴られましたし、父はそれを日経新聞に自分で書いていましたから。今はそういう時代ではないと思います。やっぱりそれだけのことをしてもみんな若者が未来を向いていた時代と今は違います。みんな未来が見えなくてあがいて、そういうことにより敏感になってる人たちにできることではないと思うので、何か別のことを考えてやらないと続かないと思います。自分たちはそういう時代だったということで、確かにそういうことを乗り越えてきたという別の自負というのはどこかであるんですけど、それがあったとしても、今の時代それは馴染まないなと思っています。

子方で出演する時に、父はあんまり稽古をしてくれませんでした。逆に母が見てくれました。母は大鼓の稽古とか結構やってましたし謡もある程度知ってたので、稽古の相手にはなってくれました。あとは書生さん。子方の時に一人で自分の稽古をするような人はあんまりいないと思うんですけど、お仕舞*の稽古は自分でやってましたね。覚えないと怒られますし。子方の場合だと次はこういう曲がついてというのがあって、それに向けての稽古という感じでした。

仕舞なんかは、青木さんのおじさんといっていた青木祥二郎さんと、うちの叔父（片山慶次郎）とが、私を催しに出して「仕舞とか役をつけて育てていかなあかん」と相談してくださったので、何もお役に立てない時期に仕舞をつけてもらったりとか、素人会の番外仕舞とかをつけていただいて機会をいただいたということが多かったです。この辺でこんな曲がついたということで慌てて稽古をして、そういうカリキュラムをみんなが作ってくださってたということですね。子どもの頃そういう色んな場を与えられて人の目に触れて、当然褒められること貶されることがありました。

＊仕舞

能の一部を面・装束をつけずに紋服・袴のまま地謡だけをバックに舞うこと。

自覚を持って

具体的に自分が意識して稽古に入ったのは、ある時から本をポンと渡されたりとか、「前にやった曲だから出来て当たり前だ」と言ってものすごく怒られるようになってからです。例えば『経正《つねまさ》』という能を小学校の四～五年でやってるからといって、中学一年の時に「もう一回役が付いたから来週稽古する」と言われて、覚えてないから怒られるんです。それは正直カルチャーショックでした。あと「盤渉楽《ばんしきがく》」という舞が養成会に入って二年目くらいで、いきなりつきました。その時もなぜかうちの姉と一緒に二人で並んで稽古していました。その頃は祇園甲部の歌舞練場の中には能楽会というのがあって、夏に年に一度の発表会がありました。芸妓さん舞妓さんたちがやってましたが、そこでうちの姉も「盤渉楽」をやるというので教わってたんですけど、向こうは半分アマチュアですから。こちらは急にやることになってやったら、「唱歌《しょうが》（笛の口唱譜）を覚えてない」と怒られたりとか、そういうところから無理やり厳しくなっていきました。父は次の仕事に行きますから三〇～四〇分怒鳴るだけ怒鳴られて「道喜、あとは見とけ！」みたいな感じで言われて青木道喜さんには随分世話になりました。先輩のお弟子さんに稽古してもらいながらやって上が

**井上八千代（1956年生まれ）
京舞井上流五世。人間国宝。本名、観世三千子。

っていく感じでしたね。

うちの父の稽古の言い方は分かりにくいんです。本当に癇癪持ちですから気が短いし物は飛んでくる状況で。「前へ出ろ！　そっちじゃない！」って自分が向いているほうを「前」って言うんですけど、こちらから見たら違う方向だったりで分からないじゃないですか。その間にどんどん怒りが増して「もうええ！」って途中で放り投げられて、終わりとも何とも言ってくれませんから、ずっと稽古場にそのまま取り残されたりしてました。そういうのは数限りなくありましたけどね。でもフォローしてくれる人たちがたくさんいました。それが今と違うところなのでしょう。

謡の稽古は、一番最初は耳から覚えました。節（メロディ）の記号なんかは後になって突き合わせをしながら「こうなのか？」と聞いたら「あそこで浮き（音程を上げる記号）がついてるやろ」とか、随分初めの頃は節というのを読めずにやっていました。型についても差し込みや開きとか、謡本に書いてある型付みたいなのを貸してくれるようになって、見てみてとりあえず覚えていくということから入りました。ともかく言われたことや耳で聞いたことを繰り返すということしかできなかったんです。

観世静夫先生との出会い

小さいころ稽古を始めた時には、全部オウム返しで師匠と向き合って師匠が言った通りにという話がありますが、うちの父はそこまではやってくれません。謡の稽古ぐらいはやってくれるんですけど「あとはもう自分らでやれ」っていう感じでした。ですから漠然とした稽古だったので掴みどころがなかったんですね。それが『道成寺《どうじょうじ》』を歳が早いけれども一九歳の時に追善会のタイミングで披《ひら》かせよう*（初演させよう）ということになっていった時のことです。その当時、元々うちの父は寿夫《ひさお》先生（観世寿夫：観世静夫の兄）に稽古をしてもらおうと思って話をしていたのですが、体調を崩されてお亡くなりになられたので宙ぶらりんになっていたんです。寿夫先生が亡くなった時は、私は中学生でした。学校を休んでお葬式に行った記憶があります。表章《おもてあきら》先生の泣きながらのご挨拶とかも何となしにまだ耳に残っています。その年齢でしたから、寿夫先生の舞台はあまり見ていないです。むしろお仕舞とかが印象に残ってたりしています。本当に寿夫先生に関してはみんなに聞いたイメージがほとんどで、私は分からないことが多いです。

私が一六歳の時に観世静夫**先生のところに話をして、いずれ習いに行くみたいな話にな

***披キ**
ひらき　習い物の如く、特別な演目を初めて演じること。

****観世静夫**（1931-2000年）
かんぜ・しずお　八世観世銕之亟。人間国宝。

っていました。いつになったら始まるんだろうと思っていたので、目黒の舞台で静夫先生に「お願いします」って勝手に話を進めてしまったら、どえらいことになりました。父は怒ってひと月口をきいてくれませんでした。でもそれで『葵上《あおいのうえ》』や『半蔀《はしとみ》』から始めて舞台のお稽古を何度もやり直していただきました。こんなに時間のかかる稽古をしてもらえるんだというのと、こんなに具体的になってくるんだということがすごく驚きでした。

養成会

本格的に自分自身で稽古を始めたのはそのもう少し前で、養成会に一三〜四歳の頃に入れていただいた頃です。色んな違う流儀の方や色んな年齢の方の芸というものに触れることがあった時に、子どもですからちょっと褒められたことが嬉しくて、それなら頑張ってみようかなとか、そういうことがきっかけで自分で稽古をするようになりました。その当時うちの祖母に「あんた、この間より毛筋ほど上手になったな、下手やけど」って言われたりとか。自分で稽古をして思ったのは、『石橋《しゃっきょう》』の獅子の飛び返りがうまくできなくて、ひと夏自分で飛び返りばっかりやってたら、本番の時に初めてちょっと飛べるようになったんです。そしたら寿夫先生が見て頂いてたみたいで、雅雪《がせつ》先生（七世観世銕之丞《てつのじょう》：寿夫・

静夫の父）が奥（後見座）に座って頂いてて『石橋』を披いたのが今でもビデオに残ってます。その頃から能というものが自分にとってぐっと身近になってきて、何とか自分なりの稽古の方法を掴んで我流でやっていました。『石橋』をやったのは中学二年生ですね。

　養成会には一三歳から三〇何歳までいました。そんなに生徒もいらっしゃらなかったので私は随分長いこといて、気がついたら助演者になっていて、気がついたら講師になっていたということです。初めは一三歳で今が五八歳ですから、その期間ずっと養成会に関わり続けています。養成会は元々は三役（ワキ方・囃子方・狂言方）の養成が目的だったんですけど、シテ方がいないとできないということで、すぐシテ方を入れて全部育てることになってきたんです。養成会の稽古というのは囃子の稽古を取ることができましたが、私たちの入った時代はもうシテ方が楽器を演奏したりするということはなくなっていました。あとは個人的にお囃子の先生のところに稽古にいきました。ただ、養成会というのはそういう月謝を払えない人たちも養成会の面倒でその先生に習えるというシステムなので、未だにそれは続いています。『石橋』は養成会に入ってすぐくらいです。それから数年で『道成寺』になっていくわけですけど、日々自分で発見して稽古をこういうことなんだと思ってやっていくうちに、そこでどうしても解けない疑問とか体の使い方とか体の歪みとかそういうことが分からなかったんです。

観世静夫先生との出会いというのは実は養成会ではなくて、実際にお稽古をしていただく直前に、打楽器奏者のツトム・ヤマシタ*さんの仕事で、高校一年生ぐらいに弘法大師のいろは歌とシンセサイザーで舞を舞うというので、父が当日に別の用で行けないので、静夫先生に監督してもらってということになりました。実際は結構危ないところでやってたりするんですけど、それの演出や装束つけたりするのは京都の時は父。東京の時は静夫先生が来てくださって見て頂きました。その時に演技指導で体の線の作り方とか息の詰め方みたいなのを教えて頂いたのはすごく新鮮でした。何となしに静夫先生に習いたいなと思って、そこへ習いに行くという話が出たので自分としてはすごくパーツがはまったような気がして。うちの父も華雪《かせつ》先生（観世華雪：六世観世銕之丞）や寿夫先生に習っていたからということがあって、今思うとすごい古臭い考え方ですけど私の中では銕之丞家はどこか先生のお家という風に思ってたんですね。銕仙会というものに憧れもありましたし。先生には随分怒られましたけど、それでも年若くして京都から来てるということでお目こぼしをたくさんしていただいて、舞台のはしにもつけていただきました。向こうの書生さんの稽古を見てると、本当にすくみあがるような状況が目の前で繰り広げられて、ピリピリしながら稽古を受けてましたけど、あの時期がやっぱり自分には懐かしいし、その時の恩義というのは銕之丞家・銕仙会に対して今でもすごく感じてます。

*ツトム・ヤマシタ（1947年生まれ）

前衛音楽の打楽器奏者、作曲家、キーボディスト。禅美学者。本名、山下勉。

成功体験と駄目出し

成功体験というか、初めて褒められたのは、東京の養成会で『花月』を舞った時に、喜多実**先生が褒めてくださってたということを後で聞いたんですけど、その時は褒められたから嬉しいとかはそういうことはあんまりありませんでした。誰が言ってるか実感が沸かなかったので。身近な家族に今日よかったとか言われたら嬉しいですけど。

逆にダメ出しのほうが多かったです。うちの父はダメ出しばっかりでしたから、やっぱり自分で何かの形を作りあげてから切り捨てられることを覚悟しないと。ダメ出しが来るのを予想してダメ出しが活力になってたのかな。例えば父が言ったんじゃなしに、色んな人が「誰々さんがこういう仕舞やらはった時はこういうところが真っ直ぐ伸びてて、こういう動きだった」とかっていうのを「そういうのがいいんだな」と聞きかじったことを自分が取り入れていくことはあったんですけど、なかなか自分に対してストレートに言ってくれる方は、ありそうでなかったですね。静夫先生から「ここはこういう風にするんだ」という意図とか企画というのがはっきりしていたのがよく理解できました。ただそれを横で聞いていられた上の世代の人たちが「静夫の稽古は説明が過ぎるよ、お前たちは説明的

**喜多実（1900-1986年）

きた・みのる　シテ方喜多流能楽師、喜多流十五世宗家。日本芸術院会員。

なんだよ」ってよく言われましたけど。静夫先生の、かなりハッキリとした、能の体づくりの仕方というものがあって、「この歳でこういうことができないといけない」という見極めもあって、ちょっとずつハードルの高い役を振ってくださる先生方もいらして、そして父もいたということは、修業の上で重要なことでした。

学ぶという言葉は真似るということから始まってるとよく言われますけど、やっぱり真似ようと思って先生の謡い方で細かいことをやっても、自分の質が全然違うので、例えばあんな声は出ないなとか、いろいろなことが分かりだしたんです。その頃から、この先全部の曲を先生にさらってもらうわけにはいかないな。結局は先生の感じ方にまで入り込まないと駄目なんだなと思いました。それが行き過ぎて静夫先生の癖もだいぶ拾ってしまってる部分はあるのではないでしょうか。先生の教えは、相反する二つの事をよく言われました。「そんなんもんじゃ駄目だよ、もっと出すんだよ。出し切ってから引いたりする声があるんだよ」とか、「ブレーキを踏みながらアクセルをふかすんだ」とか。体を使い切り、舞台の中で結局生き抜いてしまうみたいなことというのは静夫先生から習ったんですけど、逆に舞台当日にそんな一二〇%のやり方をしたら駄目なんだと言われました。舞台本番というのは八割がたで収めてちょうど一〇〇に見えるようにしないといけないんだって言うんです。でも先生がやっておられるのは到底そうは思えなくて、いつも使い切っておられました。でもそういう性格というのは父以上に、先生からいただいたような気が…。私は人よりも全然体が小さいので大きさも出ないし、「内面からにじみ出る大きさを、いつかつくりなさい」ということを散々言われましたね。山本順之先生からも、「僕も体が小さいけど喜多六平太先生*という人は本当にそういう意味ですごく大きかったんだよね、あの小さな先生がね」という話を聞くと、どうやったらそうなれるのかなということを想像しました。何がどういう風に動きに繋がっていくのかということは自分なりに研究したり実践でやったりとかするんですけど、やっぱり骨になるものは静夫先生ですね。静夫先生のそういう癖っぽいところも含めて毒食わば皿までもになったらなと思います。うちの父には「お前やりすぎなんや」ってしょっちゅう言われてましたし、『自然居士《じねんこじ》』を大阪でやった時も先生に習った通りやったつもりだったんですけど、うちの父が入ってくるなり烈火のごとく怒って「やりすぎるな！　興奮しすぎや」とか言ってましたけど、「そんな冷静なものでやってられるかい」と思った覚えもあるんです。能という芸術の性格上、本番の舞台で結果として表れるものは相当絞り込んだ削り込まれたものになるんだと思うんです。最初から三しか持ってない人が三の舞台をやってるのと、一〇発揮できてそれを結果としてまとめて三にして表現するというのとでは全然意味が違います。それと恵まれた資質を持っている方がやっておられる時と比較して、私のように声もないし身長もないという者の

*喜多六平太（1874-1971年）
きた・ろっぺいた　喜多流十四世宗家。人間国宝。文化勲章受章。

工夫というのは、せめて全力を出し尽くしてということでしかないのですから。

フィジカルを鍛える

自分の体幹を鍛えるには、能の稽古だけじゃ駄目なので体づくりとして何かスポーツをやった方が良いと言われる人があります。私はそういうフィジカルな部分を鍛えるために能の稽古以外のことをした経験はあまりないんですけど、高校時代にちょっとだけノルディックのスキーを一年ほどやりました。と言っても一度も雪の上には立っていませんが。同級生に誘われ入部しました。ノルディックというのは滑るほうじゃなくてずっとこれでもかというほど走らされて。その中で筋力アップのために自転車のチューブみたいなのを手や足に繋いで動かすのをやっていました。これは能の稽古にも応用できるかなと思って、稽古場の柱にゴムチューブを結わえ付けて、どこまでまっすぐ前進できるかというのをやってみました。今思うとアホみたいな稽古です。父が見てて「お前アホか。何やってるんや」と言われました。しかし、自分が無駄だと分かるまでそういうことをやってみるのは手かなと、その時は思って頑なにやっていたんです。母も見て「やってみて得心がいくとこまでやってみたらええんちゃう」と。それで披《ひら》キの『道成寺』の前に脚力を鍛えてみました。体幹といって思い浮かぶことは、静夫先生が例えば鐘に見込む時の手の位置はここ。こうしてここまで傾《かし》いで引きつけて鐘が引っ張り込めるような引き込みして、いったん心に描いてから、鐘からいったん視線を離してスーッと一気に横から回り込めといわれた。ただそれだけのために体の基軸がぶれないように鍛えました。能における体幹とは、そういうことではないでしょうか。あの頃私は厚かましくて、夜中に行ったりして静夫先生に随分何度も稽古をしていただいたんです。乱拍子までご自分であしらってくださり、気迫とかそういうものを習えたのかなと思います。何か他のことをやったかと言われると全然そのため以外にはやってません。能のためにマラソンをする人とかジムに行って体を鍛えたりする人もいますけど、僕はやっぱり能には能の体があるのと違うかなという気がして、そういうことでやってきたような気がします。体幹というのは差し込み開き（能の一番基本的な動き）とかそういうのを何度も繰り返しているとできてくるのではないかなと思います。様々な役者さんの中には、筋力でやられてる人もいるけど、僕はちょっとそれには違和感があって、自分の体を信じて、差し込み開きも初めは力強く無駄な力を使ってしまうけど、最後は骨の力で柔らかく動きながらも強く見えるようにしたいと思います。そういうことができると、自分がまず信じないとこの芸能は成り立たないのと違うかなと思います。

絵本の話

高松の薪能があったときに、予算の一部を使う学校教室を何校か提案してやり始めたのですが、始めは満足いく結果になりませんでした。教材としてどんなメディアがいいだろうか考えた時に、「絵本というのはひょっとすると最後まで残るメディアではないか」と思ったのです。紆余曲折を経て、人々のご厚意があって連作*ができてきております。出版業界は難しい時代に入ってるので大変だと思いますけど、何とか頑張って出しています。反響は悪くはなかったですね。ただそれで回収できるわけではなく、しかも回収というのはお金の回収ではなくて、お客さんを掴んで返ってくるかと言うとやっぱり回数が少ないから一過性のものだったですね。その企画が生きてるなと自信を持って言えるようになるのは、文化庁の学校芸術の巡回からです。ある学校で、低学年入れて全校で『舎利』の能をみてもらったのですが、最初に出ていって前を向いた時に、恐ろし気な怪士《あやかし》の面をつけていたせいか、女の子が私の目の前で号泣したんです。そしたら二年生ぐらいの男の子が背中を撫でて「大丈夫だよ」って言っているようで…。生意気なやつだなと思っていたのですが、その女の子がしっかり物語に入っていてくれてたのか、鬼が帰って行くシーンで立

＊絵本の連作

お能の絵本シリーズ、アートダイジェスト社、2002年〜、全3巻。能の絵本シリーズ、BL出版、2005年〜、全10巻。

ち上がって「鬼さんバイバイ！」って手を振ってくれた。それがきっかけで生徒みんなが立ち上がって「バイバイ」って言ってくれたんです。言葉では語られていない、鬼の気持ちにふれてくれたのです。それにはこちらもとても嬉しくてやった甲斐があったなと思いました。こういうのを一座建立といってもよいのかなと。文化庁側からも、企画と時間と学校の求めているもの、こちらが送り出したいものがほぼほぼ完璧にパーツがはまっていたように思うと、高い評価をいただきました。四五分二枠しかもらえないのでその点をうまく使えてたというのが絵本があってのことだったので、それで絵本というものが今一番はまってるかなと思います。絵本の絵と文章というのにわざとギャップが作ってあって、それがお芝居をまわしていく力になるのと同じように、能の中でもそういうことはありまます。行間というものを囃子が埋めたりとか息が埋めたりするというのを疑似体験してもらって、それで子どもたちが発表する。それは能での私たちがやる演技の一部分を二人セットぐらいで歌わせて、自分たちが歌って自分たちの仲間が動くという本当にリトミックみたいな部分なんですけど、ただその時間があると絵本とあわせて経験してるのでみんなが物語の中に入ってきてくれる。知らず知らずに「テレビ見てる感覚と違う」と言ってみんなが分かってくれるということが嬉しくて。それで興奮した人たちの中から「これどうしたらやれるの？」とかいう話が出てくる。これがやっぱり一番素直に点を線にしたい部分でして、そこから要望があった時に全力で「舞台で名人になる可能性があるんだよ」ということまで胸張って言えることをシステム構築したい。それだけです。

でもやっぱり先人は偉いなと思います。絵本じゃなかったですけど野上弥生子＊さんの絶版になってる少年少女のための能楽全集みたいなのがあって、そこに同じく『大会《だいえ》』とか『隅田川』が載っています。素晴らしい本だったし、そこから素直に曲目が選べました。実にひたむきに迫ってくるものというのが野上さんの特徴で、僕はすごく性に合ってたのか、そういうことから絵本を作ろうかなということもまた違う面での一因になりました。

形式と内容

既にお亡くなりになってしまった過去の名人、例えば寿夫先生の謡の録音を聴いたりとかなどは別として、日常の稽古で録音録画をする人は若い人とか多くなりました。記録はいいんですけど、稽古として師匠の謡を録音しといて後で聞いて勉強することはどうなんでしょうか。玄人の稽古の時に父の世代の人でしたが、師匠が謡って「はい」と言われたらすぐに謡い出さずにメモしてるんです。師匠は怒り出して「違うだろ！」と。「メモして直るぐらいだったら稽古なんかしなくても勝手に直ってるわ」と言って。メモする人って

＊野上弥生子（1885-1985年）

のがみ・やえこ　小説家。

どこかで正解を求めてるんですよね。師匠は、そういうことじゃなくてもっと中身の芯の部分を感じ取ってほしいのに。そうやってると技術習得で終わっちゃう。本番というのはその役中の人物として生き抜かないといけないということを教わって、その人として生きるみたいな時間というものがひょっとするとお能の本質かなというのは繰り返し静夫先生には教えられてた気がします。実際そういうことまで言ってもおられるんですけど、分かるか分からないかは本人次第ですけど。それを実感できないとダメですね。理屈だけ言われても自分が感じ取れないと無理ですよね。今伝統芸能と言うと形がきちんと決まっているから、その形をきちんと覚えてやれば確かにそれは表面的にはできているように見えます。でもそれじゃ伝統芸能の意味がないので、それをその役者さんがどういう風に自分の中でもう一度作り上げることができるのかだと思うんです。伝統芸能は再現芸術だから型をきちんと仕込むことがまず必要なわけですが、そこで終わってる人が多い。それは単に技術を習得してるだけです。マニュアル化すると言うとおかしいんですけどそれも一つ形骸化しています。自分が湧き上がるような感情とか、中から体がもうとどめられないほど溢れてくるような所というのが、ドラマの原点みたいなものが正確に前の世代の先生方から受け取ってないとできないと思う。

自分自身が外側の型をきちんと身につけるということと、内側の何か、特に師匠から伝えられてきたことを、単に形式的なことではなくて、そこにどういう本質があるのかということに気がつくようになったのは、やはり静夫先生にとっちめられてる中で出来上がったことはまず間違いないです。ただその間に静夫先生と一緒に例えば松本恵雄*先生の能を拝見したり、田中幾之助**先生の最晩年の『半蔀』とか拝見したり。一人で『楊貴妃』を拝見しに行ったら、たまたま静夫先生も見に来ていて、ばったり出会ってしまったり。静夫先生が何を考えどう感じているのか、どこが素晴らしかったかという話を聞くと、やっぱり立体的に自分の視座があって、先生はなぜこう感じているのかなということが少しずつ分かってくるのかなと。もちろん拝見してる時は何がいいのかあんまりよく分かってなかったと思うんですけど、後年思い出して「これか」ということがあるので。全然全く関係のない次元で関係のないフィールドで全く関係ない時間を経て、あれかなと思うことが時々あります。良いものをきちんと見るチャンスがあって、静夫先生からそういうお話を伺って、その時は納得できてなくてもずっとそれをたぶん自分の人生の中で色んなことを感じている時間があって、それがあるところまで行った時にパッと繋がって理解できるのだと思います。

それともう一つ、ものすごく丁寧に稽古して頂いた記憶もあります。そういうものが引き出しとなって他の扉を開く。例えば『隅田川』とかは「とてもお前なんかできないのは

***松本恵雄**（1915-2003年）
まつもと・しげお　シテ方宝生流の能楽師。人間国宝。

****田中幾之助**（1903-1983年）
たなか・いくのすけ　シテ方宝生流の能楽師。

分かってるけど無理を承知で引き受けた」と言われて。「げにや人の親の…」って一句謡っただけで失格になりました。今なら理解できるし、その後江戸東京博物館が開館した時に色んな人の『隅田川』がたくさん上演されて、そこにも見に来いとおっしゃっていただいて、そういうところは先生のおかげだと思っています。京都人がやってる『隅田川』と江戸人がやっている『隅田川』ってこんなに違うんだなということを思い知らされたのもその時でした。そういうことが他の曲目の時にもふっと「先生はここまでこういう思いだったのかな」と、舞台で先生の追体験してる部分はあります。

能が好き

ずっと自分でも分からなかったんですけど、ここ一年自分がやることよりも観ることが好きになってきてるかなという気がするんです。例えば今一番素敵だなと思っている能というのが昔と変化してて、『井筒』というのは本当にいいなと思うのです。何でこの時期に『井筒』なんだろうと思う。何でもないことが何かすごく沁みるようになってくると、『井筒』の素朴で素直な構成が、とても貴重で大事にしたくなってきました。やっぱり自分って能が好きなんだなと再認識して、だからこそそういうのをみんなで繋いで欲しいなと思うようになりました。しかし、今頂戴する役が大体三〇～四〇代の時と同じような曲を頂戴し続けるので、体力的にも正直しんどくはなってきています。若い若いと思っていたけど気がついたら還暦がだんだん見えてきてる。なかなか『井筒』に近付けません。でもやれと言われると性格的に「やれない」とは言いたくありませんから、また鬼の能などを勤めるのです。片山家の当主という立場的なこともあって、他の方に比べると例えば老女物なんかでも随分若いうちに一旦経験をしております。問題はそれをどういう風に煮詰めて再演するのかというところなんですが、これはなかなかできないでいます。次に再演する時というのは、習って作るというよりは、積極的に自分で詰め込んで行かないといけないと思うのです。うちの父のやり方で回を重ねるごとに自分で何とはなく迫っていくという『姨捨』へのアプローチみたいなことはあるのかもしれないですけど、今は『姨捨』というお話よりも『井筒』とかのほうにぐっと惹かれてしまうし。ただ「人がそれをやると言われた時に教えられるようにしておかないといけない」というのが父の口癖で、何なら三老女（『檜垣』、『姨捨』、『関寺小町』）全部披いてしまえみたいな勢いだったんですけど、やっぱり『関寺小町』は父はあれだけやってましたけど、私たちの習っていく路線上にあんまりまだあるとは思えません。父の存命中にもう一回「やってしまえ」と言われたんですけど、それは嫌だと言って断りました。『関寺小町』って小町のキャラクターが立ってしまいます。そのキャラクター作りに成功したらできる曲かなとは思うんですけど。だからやり方ってそんなに決まり事ではないと思うんです。

稽古の場の減少

若い頃は父の鞄持ちみたいな立場で能楽堂へ行き、楽屋の働きの仕事、装束の着付けをしたり作り物を作ったりとか、そういうこともずっとやりました。そういうのは兄弟子から教わることが多いのですが、私はあんまり教えてもらえなかったですね。それはやっぱり家の子というもののマイナスな部分なのかもしれないですけど、「当然知ってるだろう」とかちょっと意地悪もされましたし、何をしたらいいかどこに居たらいいか、困ったことも一度や二度ではありません。結構色んなところへ随分お供はしていきました。人がいなかった時は静夫先生の鞄持ちもして先生に引っ張っていただいて色んな所へ入らせていただいて、それはとても面白かったです。

銕仙会に稽古能のシステムがあると同様に、片山家にも水曜日に稽古能のシステムがあって、当時は人も多かったのでしょっちゅう誰かの稽古をうちの父がしてたりして、その地謡をしたり後見をするというのは結構ありました。今は公演の場が減ってますから、そういう稽古の場も昔に比べて随分減ってしまいました。

あともう一つは個人の会、リサイタルを開いたりして新しい曲をやっていければいいのですが、それだけのお客さんが集められないから経済的な負担が大きいので、できる人は決まってしまう。だからお稽古する場も減ってるんだと思うんです。

ここ二〜三年はコロナという特殊な状況なので単純に昔と比較はできませんが、例えば三〇年前五〇年前に比べると催しの数はすごく増えたように思えます。ところが逆に昔は流儀の定期能とかそういう所は能を四番とか五番とか朝から晩までやってるみたいな会が普通にあったのが、今は流儀の会でも二番とかせいぜい三番しかやらないから、上演される曲の数は減っています。これは日夜議論も出てるところで、京都観世会は今でも能三番の上演を続けているんですけど、いよいよ会の体力的な限界に来てます。役者の数も減っているし、若い人たちにさらなる負担を求めるような形になってはいけないし。一つは全体を支える人たちの人数が増えると、お弟子さんたちも増えてきて相乗効果が起こると私は絶対に思ってるので、人を増やさなければいけない。そのためには夢を与えていかなければならないし。私たちの世代の失敗は何だったんだろうと思うと、上からの圧力に負けてヒイヒイ言ってるところを若い人たちに見せすぎたなと反省しています。「あーまた切符売らなくては」等々そういう経済的な負担うんぬんとか。下世話な話なんですけど、昔は各々初めから能が好きな人もいたんですけど、単純に先輩がいい車に乗ってるなとかそういうことも含めて、経済の輪も回ってて先行き良くなるだろうみたいなところも後押ししてたのは事実だと思います。

もう一つはやはり人口減少、少子化です。伝えたくてもやってくれる人がどんどん減ってくる。若い人たちにどんどん経験させるというのも気をつけながらやらないと、それが続くと、私たちは役が付いて嬉しいだろうと思って付けていたら、実はギブアップになる子も出てくるので。よっぽど様子を見ながら過保護と思われるかもしれないけど見ていかないと、やめて行かれたら元も子もありません。極論を言うとパワハラなんてもってのほかなんです。上に立つ人を保たせるだけのシステムというのはもう無理だと思います。

プロデューサーとしての自覚と成長

法人というものになって家の財団が出来上がってきた時に、自分の世代の仕事というものを増やしていかないと、何となしに父のやり方だけでやっていくと先細ってくるかなと思いました。うちの父の世代の人なんですけど、二人ぐらいの大先輩の人たちから何とかしろというプレッシャーも与えられました。でも三〇歳ぐらいまでは申し訳ないけど習わなきゃいけないことも沢山あるから、そういうことはノータッチにさせて欲しいと頼んだんです。ただ逆に三〇になったので色々やらされ始めました。ある程度手応えもあったし、大失敗もやりました。興行的に成り立つということがこんなに大変な事なんだと、痛い目に遭ったことは何度もありました。お客さんの立場で見る時の椅子の配置であるとか雨天のことであるとか必要な費用とか広告費用とか、色んなことも含めて手探りでやってたので、信用もしてもらえないし、信用してやったらこの体たらく、この程度のものかとか色んな批判を受けて、最終的に多額の赤字を出して終わりました。いろいろなクレームも受け、色んなお客様がいらっしゃるのだなと実感しました。「お客様の層を広げるということは、こういうことがすぐにやってくるんだ」と。その時は痛い目を見ましたが、失敗を経験したのでその後どういう風にやっていくかという知恵がつきました。今までは能というのは削る作業だったのが盛らないといけない、盛った上でもう一回切るという作業をしないといけない。これが意外に絵本の作業と似てるんですけど、そういう何か伝えていくことをどんどんシンプルにしてそのために起床転結つけていくという作業が、曲目の芯を掴んでいくための作業に重なっていったのかなと思います。

これからの在り方

法人化については、父は「法人にせい」って言うだけ言って何もしてくれませんでしたので、あれは大変でした。一時期それこそプロモーターを育てようという話が業界で増えていったんですけど、これはきっと無理だろなと。なぜかと言うとそれだけの人に支払うだけのものが能の社会では用意できないだろうなと思ったので、これは何だかんだ言っても自分たちでやらないと仕方がないんだなと思いました。松竹さんなんかは別として、伝統芸能の世界は大概は家内制手工業で、そこから出られないんです。ですから能とか伝統芸能の世界というのはあんまり流行らせすぎて爆発的にすると、一気に市場に回って一回は徒花《あだばな》を咲かせられるでしょうけどポシャると思います。その寸止めのところを見極めてやっていかないと、市場の原理に乗せるとひとたまりもない。

アーティストとしての能楽師がそういった事務仕事みたいなこともしていかなければならない状況なので、これからは兼職が可能になっていかないと無理な人も出てくると思います。今のところ兼職は許されない。でも昔は兼職していたわけですし、この時代を乗り切るためには兼職禁止項目というのは色んなところから削り落とさないと間に合わないことになると思っています。アーティストが仕事をして作っていくというのは、私はこれはある意味健全かと思います。それはなぜかと言うと、お能というのはどこまでいってもエンターテイメントとして成り立つかどうかと言ったら、私は違うなと感じるからです。やっぱりアマチュアイズムの積み重ねの先にあるのが能で、誰でも明日からプロという風に名乗ってもいいかもしれない。けども逆にやってることがそれは素人の仕事だよとかっていうんじゃなくて、やっぱり作るための努力をやってるというのは、例えば新劇の役者さんでもみんなチケット手売りですし、そのためにアルバイトもしてやっているわけで。たまたま私たちは能楽教授という仕事をまだ持って支えていただいているから、これは非常に助けられてるありがたい面なんだということを、いつも感謝しながら享受して続けないといけないなと思ってます。だから私はその線ではアーティストがやって当然と思ってます。もちろんそれをやっていくのに慣れてきて事務方という仕事をするのはいいと思うんですけど、あんまり委ねすぎると芸術性が吹っ飛んでしまう場合もあります。うちの場合は今でも喧嘩しながらやってますけど、その点では喧嘩のできる同い年の事務長なので、ある意味ここまではまずいだろうと思うほど喧嘩することもありますけど。ただ事務所との関係というのは役者とそこそこ対等なものを用意しないと、これはできないなと思います。やはりその中でどうしてもこれをやらせて欲しいとかっていうことを引き出しながらやっていかないと、あまりにも世の中と乖離してしまう。ただお能の良さというのが今の時代の中に見いだせるかと言うと、今の世の中の気風の中には少ない、いわゆるマイノリティなので、その点ではよく注意しないと、全部安易に見てもらいやすいものにしていくと何も残らないということは、同時に考え感じながらやってもいます。

ただやっぱり社会の共感を得られる古典でありたいなと切望しています。古典であることから抜け出すことはできないと思うんですけど、ただその古典の良さというものの中に、社会の共感をどうして持ってもらうかというのが今真剣にやりたい一点でして、そのためには日本だけじゃなくて海外の方にも知ってほしいです。このシステムだけを知ってくれてもいいし、あるいは内容に迫ることでもいいし、どんなアプローチでもいいし知ってほしいということが一つ。そうしたら日本の中でもう少しコアな思いというのを見とってくれる人が、今の国際社会のでき方というところから言うとできてくるんじゃないかなと期待します。日本人の中でたぶん古典なんか興味ないっていう人は「古典なんて知っても日本から出たら言うほど役には立たない」と思っているのでしょう。確かに古典の素養を持って行ってたからといって、海外でみんなが言われるほどお役に立つかといったらそういうことではない。ただ海外の人たちは、自分の中に原点に戻れる拠点を持っているけど、日本人だけそうしたものが抜け落ちていってる。それが問題なんじゃないですかっていうことを私は言いたいんです。スマホ文化が流行り始めた時にとても危険だという話がよく出て、特に能みたいな芸術とはちょうど相反していて、パッと検索するとパッと出てきて、それが嘘か本当か分からないんだけど、そこに出てきたことをパッと信じて終わりになってしまう。検索していくとその人の好みを勝手にＡＩが吸い取って、その人の興味のありそうな記事しか見えなくなってしまうとか。心の在り様みたいなことにきちんと向き合うということが生活の中からどんどん失われてるような気がするんです。だから何かそういうことを気づかせるきっかけになってほしい。そんな気持ちで能を続けて行きたいと思います。

民間非営利公益活動の調査研究・実務に身を置いて

雨宮孝子
あめみや・たかこ
一九四五年生まれ。
公益財団法人公益法人協会理事長。

はじめに

「私の修業時代」というテーマで拙稿のご依頼をお受けしたが、立派な師匠の下で、何十年かけて名作を完成するという場面に出会った人には修業時代を描くことは簡単かもしれない。私のように日々努力はしたがその場面ごとにたくさんの恩師、友人、家族の中で仕事をしていた人間にとっては、平凡で修業時代などあったのかと思う。あるいは現在でも修業は、続いているというほうが当たっているのかもしれない。ただし、重要ではあるが、メジャーではない民間非営利活動の調査研究・実務に半世紀以上身を置くことができる私は、この状態を幸せなことと考え、これまでの半生を描きながら、その時々の修業らしき時代を振り返ってみることにする。

生い立ち

私は、一九四五年（昭和二〇年）一二月一四日、疎開先の岐阜県加茂郡の祖父の家で生まれた。祖父は小児科の医師で定年後に無医村であった生まれ故郷に戻って医師を続けていた。戦後生まれだが、小学校や中学校の友人には兄弟姉妹が多い人がたくさんいた。実は私も上に四人姉がいたので履歴書の父母との続柄を五女と書くのが大変いやだったのを覚えている。長男は生後一か月でなくなったと母から聞いた。姉たちの影響は大学進学の前まで続く。私は祖父を尊敬していたので、大学卒業後は、看護師になり祖父のお手伝いをしたいとひそかに考えていたが、姉の一人に「あなたのように理数系が弱いものは、看護師になる大学への進学は絶対無理！」と言われ、その夢も即断念した。高校はすべての姉たち及び母親と同じ都立駒場高校に進学した。この高校で担任だった日本史の教諭菱刈隆永先生の授業が本当に面白く、歴史の本をたくさん読み、将来は社会科の先生になろうと強く思った。菱刈隆永先生は、二〇二二年（令和四年）八月六日に一〇〇歳の誕生日を迎えた一〇日後にご逝去されたが、高校の授業以外に私たち生徒を登呂遺跡や川越近辺に連れて行っていただき、教科書以外に実地調査の楽しさも教えてくださった。菱刈先生は都立駒場高校に二六年間勤務され、都立八王子東高校長を退職後は、国立歴史民俗博物館振興会に勤務され、同博物館友の会の立ち上げに奮闘された。一〇〇歳になられるまで同窓会等で交流は続いた。

というわけで私は、他の三人の姉たちと異なり、外国語中心の大学（ＩＣＵ）ではなく、慶應義塾大学法学部法律学科に進学した。そこで、現在まで専門とすべく、公益法人、非営利法人、公益信託等につき指導くださった田中實先生と出会った。法学部での第二外国語も、東京オリンピックで英語とフランス語の通訳をしていた姉たちとは異なりドイツ語を選択し、ドイツ語の美しさに感動し、ドイツ文化研究会でドイツ語の弁論大会にも参加するなど姉たちからの呪縛も解き放たれ、大学では大いに自由を満喫した。

慶應義塾大学法学部教授田中實先生

慶応義塾大学法学部及び大学院では田中先生のご指導の下、当初は家族法を専門にし、離婚等、夫婦関係や親子問題等の訴訟手続きの中、アメリカの家庭裁判所では、心理学、社会学、医学、法学などの資格を有するカウンセリングの専門家によるカウンセリングの機会が与えられていることを知り、法律による解決ではなく、自分たちで心を落ち着けて解決の道を探ることの重要性を学び、その専門書の翻訳を行う等必要な資料を探し大いに学んだ。日本でも家族関係のカウンセリングを行っておられる東洋大学の田村健二先生が自宅で開設しているカウンセリング室で実践訓練も行った。私は、単に理論だけでなく、実際に理論を実践することが重要と考えて無謀にも行動に移すことを常に考えるようになった。

公益法人協会での勤務

私が、公益法人協会とかかわりを持つようになったのは、一九七四年（昭和四九年）からである。慶應義塾大学大学院博士課程も修了して、研究生となったころで、戸板女子短大（八王子校舎）で憲法、家族と法、明治学院大学で信託法の非常勤講師をしていた時である。指導教授の田中實先生から信託法には公益信託の規定は存在するが、現実の公益信託は存在していない。この度（財）公益法人協会と（社）信託協会が協力して公益信託を世に出す研究会を作るので、その事務局の仕事を手伝わないかとお誘いを受けた。信託法の勉強はしていたが、公益法人については全くの素人。公益法人協会はその二年前に総理府の許可を受けたばかりの公益法人だった。この研究会は総理府の委託を受けたもので、委託内容は、①英米における公益信託制度の調査、②公益信託制度実用化の可能性、③実用化の諸条件の検討等であった。研究会のメンバーは、（会長）田中實、（委員）遠藤浩（学習院大学教授）、森泉章（青山学院大学教授）ほか一〇名の信託銀行員、友野俊平（公法協）、倉橋幸夫（公法協）総勢一五名。一九七四年には英国、米国調査も終え、「公益信託制度に関する調査報告書」及び「英米調査資料」を取りまとめた。その後公益信託については実務的な諸問題が検討され、役所においても設立申請や引き受けの許可・監督も整備され、公益法人協会、経団連、信託協会が合同で総理大臣三木武夫氏あての要望を出し、一九七七年五月、外務省（今井記念海外協力基金、当初信託財産二億円）と建設省（斎藤記念プレストレスト・コンクリート技術研究奨励基金、当初信託財産一〇〇〇万円、すでに信託財産を使い切って終了）において二件の公益信託第一号が成立した。前年、信託法学会も設立され、信託法の研究が大いに進んだ。田中先生には、その後多くの教えをいただき、今日、私が公益法人、公益信託等の研究を続けていることができるのも先生のおかげといっても過言ではない。田中先生はいつも「難しい内容を難しく書くことは簡単だが、難しい内容をだれにでもわかりやすく書くことが最も重要である。意見は正確な根拠を示すこと。実地調査も重要である」と教えてくださった。田中先生の文章は非常に明快で分かりやすい。このことは今でも私の身に叩き込まれている。公益信託について私は、一九九一年（平成三年）、公益信託甘粕記念信託研究助成基金から研究助成を受けて「公益信託引受許可・指導監督をめぐる諸問題」という題の論文を書き、信託法学会でも発表した。また、後述するように、アメリカのコミュニティ・トラストの仕組みにも興味を持ち、資料を探し少しずつまとめてみた。公益信託は、私が公益の世界に入る大きなきっかけになった。公益信託の研究は現在でも続いている。なお、信託法は二〇〇六年一二月に大改正が行われたが、旧信託法の公益信託部分は、改正されずにそのまま残っている。公益信託と同じ機能を有する財団法人の大改正が行われ、公益法人関連三法が二〇〇六年公布され、二〇〇八年一二月から施行されたのを受けて、それと平仄を合わせる予定で、これまで改正されずにいた。二〇二二年一〇月から始まった「新しい時代の公益法人制度の在り方に関する有識者会議（座長雨宮孝子）」の第五回委員会（一一月一六日開催）で法務省民事局民事法制管理官の竹林氏の発表によると、いよいよ新しい公益信託法の検討が近々行われそうである。

慶応の大学院で信託法や民法の研究生を続けているときに、前述したようにアメリカのコミュニティ・トラストに興味を持ち、現地調査を行うことを決意した。アメリカへの調査、特にコミュニティ・トラスト（コミュニティ財団）についての調査は、コミュニティ・トラスト発祥の地であるオハイオ州のクリーブランド・ファウンデーション、全米最大のコミュニティ・トラストであるニューヨーク・コミュニティ財団、中堅のカリフォルニア・コミュニティ・ファウンデーションに一人で直接現地調査に出かけた。個人的なことになるが、息子がまだ保育園児だったので、調査旅行に連れていった。たまたまニューヨークとロスアンゼルスに姉夫婦がいたので、そこに預けて調査研究を行った。姉夫婦には大変感謝している。

さて、公益法人協会では、研究会のお手伝いだけでなく、せっかく法律を学んでいるのならば、公益法人の設立・運営の相談事業に関与してくれないかといわれ、最初は、専門家の方と相談を一緒に行い、問題点、解決策などを一定の用紙にまとめることをやっていた。次第に要領を覚え、独り立ちできるようになった。もちろん、行政の組織、公益法人会計、税法等専門分野でわからないことは、公益法人協会に専門家が大勢いたので、きちんと専門家に相談してからお答をした。

公益法人協会での一番の関心事は、「公益とは何か」を解明し、どのような事業であれば、どの役所が管轄するかを判断することであった。

ある日、とても興味深い相談があった。「優秀なサルを集めてサルの学校を作りたいが公益法人となることができますか」というものだった。突拍子もないことと思われるでしょう。相談者が下さった本には、猿回しは藩を自由に行き来できる現代でいえば、「スパイ」のような存在であったとのこと。歴史的に見てその訓練は祭祀・文化につながるものである。これを日本の文化として残したいと考えれば、公益性はあるのではないか。その後この相談は途切れてしまったが、私は、日光猿軍団、阿蘇のサル劇場、家の近所の洗足池公園でのサル芝居等サルの学校に関係のある場所を訪れては、その内容を見ながら公益性はあるか考えてみた。ただのサル芝居はエンターテイメントに過ぎないが、猿回しの歴史やどのようにして訓練したのか、そのルーツはどこから生じたのかなど考えると、公益性もあるのではないかと考えた。山口県光市にある周防猿まわしの会は千年以上の歴史あるもので、二〇〇四年（平成一六年）光市の無形民俗文化財に指定されているようである。

公益法人協会で相談や研究会を担当するにあたって、日本の助成財団の多くが企業財団であることに気づき、アメリカでは、素封家が個人の財産を公益に捧げることが多いのに、日本では、税制の問題で、個人の素封家ではなく、企業が税制優遇を利用して、基本財産と毎年の寄附金で支援する企業財団の設立が多い。そこで、どのような企業が助成財団を設立しているのか、どのようなきっかけで助成財団を設立したのか等地道に調査を行い、一九八八年（昭和六三年）には、（財）公益法人協会編『日本の企業財団'88』を公益法人協会から発刊した。その中身は、日本の企業財団の名簿、企業財団・企業寄附の状況、財団法人設立の基礎知識、企業寄附にかかる課税の基礎知識、アメリカの企業財団・企業寄附の現状、ヨーロッパの企業財団・企業寄附の現状である。私以外に内閣総理大臣官房管理室の川口昭士氏、国税庁の目時公英氏、日本生命財団の今田忠氏の四名で書き上げたものである。

当時、わが国でも企業フィランソロピーや企業の社会貢献が取り上げられ、企業による財団設立も一九八五年から急速な伸びを示していた。その背景には、企業業績の伸びはもちろんのことであるが、企業も社会の一員―企業市民（corporate citizenship）であり、地域社会、国際社会への配慮が必要であるという認識が広まったという経緯がある。通常企業は、社会のニーズに応じて良質で安価な製品やサービスを人々に提供し、効率良く収益を上げることによって、株主への配当を多くし、かつ従業員の生活向上と福祉に最大限の配慮をなし、国には所得に応じて税金を納めることが本来の責任である。しかしながら企業の活動は、対消費者、対取引先、対株主、対従業員だけにとどまらず、企業の存立そのものに関する利害関係者（ステークフォルダー）―具体的には地域社会や国際社会への積極的な配慮が必要という考え方が浸透し始めた。企業も社会を構成する一員であり、よりよい社会を作り上げるためには、環境、福祉、文化等の問題に積極的に取り組み、貢献していかなければならない。このための長期的な投資は、企業が存立しやすい社会となるため、企業の利益につながる―「啓発された自己利益（enlightened self-interest）」という考え方が、企業の社会貢献を支えていると財団関係者から教えられた。この用語が出るきっかけは、アメリカのA・P・スミス社にかかわる一九五三年のニュージャージー州最高裁判決であった。スミス社がプリンストン大学に行った一五〇〇ドルの寄附に対して、株主が異議を唱えた事件*である。最高裁の判決は、株主側の異議を却下。この判決内容は、要約すれば、「企業に対し、現代の良き市民としての義務を引き受けさせることは、正義にかなったこと」**ということである。

現在では、企業のCSR（企業の社会貢献）、SDGs（持続可能な開発目標）、ESG（環境・社会・企業統治）、CSV（Creating Shared Value＝共有価値の創造）など企業の社会貢献について新聞紙上をにぎわせている。当時は、（社）経済団体連合会の一％クラブ、

＊スミス社に株主が異議を唱えた事件

A.P. Smith MFG. CO. v. Barlow et al. 事件
ニュージャージー州最高裁判決、1953年6月25日。

＊＊ニュージャージー州最高裁判決

松岡紀雄『企業市民の時代』日本経済新聞社、1992年刊、149頁参照。

（社）企業メセナ協議会、（社）企業市民協議会（CBCC＝Council for Better Corporate Citizenship）などができ、企業フィランソロピーを支援していた。経団連の一％クラブとは、個人、企業が年間所得の最低一％を寄附することを約束してメンバーになる組織で、事務局は経団連の社会貢献部に置かれている。メンバーには、免税団体の特定公益増進法人や指定寄附の認定を受けた団体など寄附対象者リストが送られる。メンバーは自発的に所得の一％以上を寄附すればよく義務を課せられているわけではない。

（社）企業メセナ協議会は、一九九〇年、文化庁所管の社団法人として許可された民間の協議会である。メセナ（Mécénat）は、フランス語で「文化の擁護」を意味し、ローマ帝政時代の初代皇帝アウグストゥスの大臣ガイウス・シルニウス・マエケナスの名に由来するもので、マエケナス（Maecenas）は、文化の擁護や育成に尽力した。マエケナスが、メセナスとなり、メセナとなった。企業メセナ協議会は、一九九一年に『メセナ白書'91』を発刊し、二〇一一年公益社団法人へ移行した。

（社）企業市民協議会とは、一九八〇年代後半に対米進出が急増した日本企業に対して、地域での社会貢献や企業とステークホルダーとの良好な関係などの調査を行う組織で、一九九〇年に寄附の優遇税制である特定公益増進法人となり、多くの企業は、この組織を通して、当該地域に寄附を行った。二〇一〇年公益社団法人となり、企業市民に関連する活動を行っている。

企業財団に関する調査は、継続し、私の独自の発案で会社四季報から各企業財団が保有している自社株の数値をコツコツと調査してまとめたことがある。私の独自の発案でと記載したのは、その後ある証券会社の人が、この手法を使って公益法人が所有する自社株の価格などをまとめたものを経済誌で見たからである。別に私の特許ではないが、上手にまとめておられたのでやられた感はぬぐえなかった。話がすこしそれてしまったが、これを調べたのは企業の株を企業財団に持たせることによって、その株は、通常世の中に売却されることはないので、一種の株主安定工作に利用されているのではないかと考えたからである。[*] 公益財団法人の自社株保有については、新しい公益法人制度改正の時には、公益認定法五条一五号に「他の団体の意思決定に関与することができる株式その他の内閣府令で定める財産を保有していないものであること。ただし当該財産の保有によって他の団体の事業活動を実質的に支配する恐れがない場合として政令で定める場合はこの限りでない」と規定されている。この意味は、公益法人が株式等の保有を通じて他の営利法人等の事業を実質的に支配することを認めると、実態は営利法人としての活動を行うといった事態が生じかねないので、それを防止することが目的である。例外規定を適用すれば、議決権の過半数を有している場合は、この規定に抵触することになる。そこで、無議決権株式にす

---

*雨宮孝子「企業財団の最近の動きと企業財団による株式保有の問題点」『法学研究』64巻12号、平成3年12月28日、慶應義塾大学法学研究会。

るなどの処置が必要である。財団法人の株式保有については法律に規定することになった。企業財団の本は大変好評で、一九九二年に『日本の企業財団'92』[**]も出版された。そこに収録されている企業財団のいくつかには、インタビューをしたこともあり、各法人の内容は、私の頭の中に多くがインプットされた。

私は、自らの学びや調査・研究にまい進しているときに、女性を意識したことはないが、『日本の企業財団'92』を発行した時にある新聞記者のインタビューを受けたことがある。いくつか質問を受けた後、「ところであなたの旦那さんは何をしている人ですか」という質問を受けた。当然私は、その新聞記者に対し、「あなたは男性への取材に対してもあなたの奥さんは何をしている人ですか」とお聞きになられるのですかと返した。また、公益法人協会で相談を担当していた時、相談内容にほぼお答えした時、その相談者から「女性の答えはわかった。この人の上司はいないのか」と言われた。たまたまそばに男の職員がいて、「この人よりわかる人はいませんよ。上司は理事長です」と答えてくれて、その場は何とか収まった。この二件だけで、女性だからと差別や区別されることはなかった。

他の大学の専任教員になっても、公益法人協会の調査研究・英米や中国への調査等には関与した。その中で、最も心に残るものの一つに、「公益活動基本法」要綱案の作成がある。そのきっかけは、一九八二年（昭和五七年）、創立一〇周年の渡辺昌夫理事長のあいさつの

**『日本の企業財団'92』
公益法人協会編、公益法人協会、1992年刊。

中で「公益活動基本法」の実現を事業目標の筆頭に掲げ、「公益法人基本法検討準備委員会」*を設置する表明であった。法制部会のメンバーは、林修三、宮崎清文（元総理府総務副長官・公法協理事）、田中實、森泉章（青山学院大学法学部教授）で錚々たるメンバーである。私は、宮崎清文先生の下でお手伝いをすることになった。宮崎先生は、元内閣府法制局参事官でもあり、法律の作り方、書き方（例えば、総則、目的、定義等）を本当に一から教えてくださった。私も法学部出身者であるが、大学でも大学院でも様々な学説、判例などは授業でさんざん聞いたが、法律はどのようにして作るかなど聞いたことはなかった。また、行政組織法の先生でもあり、行政組織の詳細についても本で学ぶより、口頭で実際の問題に沿ってお教えいただいた。この経験はのちのＮＰＯ法作成の時に大いに役に立った。宮崎先生は博識である上に私と同じ猫が大好きで、猫の話で盛り上がることも多かった。

　この研究会は、実務家一四名に及ぶ企画推進部会と法制部会の両部会が二年近くに及ぶ多くの議論を経て、一九八五年一〇月「公益法人及び公益信託に関する基本法要綱案」としてまとめられた。この要綱案は当時として非常に画期的なもので、以下その概要を記載する。

①公益法人の目的事業から共益的なものを外し、純粋に公益活動を目的とするものに限

＊公益法人基本法検討準備委員会

当初公益法人のみ対象にしていたが、のちに公益信託も加えることになり、名称を「公益活動基本法」になった。

定する。公益法人は、公益活動を目的とし、かつ営利を目的としない社団又は財団とすること。
②公益を目的としない非営利法人の法を作ること。
③認可基準を明確に法定すること。
④学識経験者からなる第三者的審査機関を（総理府）に設置すること。
⑤機関設計として、監事の必置、財団法人における評議員会の必置。
⑥公益法人の合併の認可について規定すること。
⑦公益法人の収益事業の範囲について規定すること。
⑧公益法人の財務関係に関する規定を整備すること。
⑨公益法人に対する税制優遇措置を認めること。

など、二〇〇六年の新たな公益法人制度改革に含まれる内容がほとんど入っている。これらの内容を公益法人誌に書き、大々的に広報しようとしたところ、総理府より、民法改正は、法務省の所管事項である。総理府所管の公益法人である公益法人協会が、民法改正に言及してはならないとの行政指導が入り、大々的な発表を断念せざるを得なかった。

この内容が、もう少し早く世に出ていれば、公益法人の制度改正ももっと早くできたかもしれない。この研究会に関与していた私は、ある日、古本屋で東京都特別調査課長関潔氏の『公益法人大観』*を見つけ購入した。昭和二七年五月、六〇〇冊のみの限定出版である。その中に資料として民法改正法案（昭和二三年一一月一〇日）と監査委員会法案（昭和二三年一一月一二日）が記載されていた。一九四八年（昭和二三年）一一月に法務庁（現在の法務省）調査意見第一局による民法の一部を改正する法案と公益法人の業務を監督し、監査し、公益性を確保するための第三者機関としての「公益法人監査委員会」に関する法案があったようである。特に監査委員会法案は、現在の内閣府公益認定等委員会と非常によく似ていて、法務行政官、関係官庁の職員（三名）、学識経験者（三名）が監査委員会のメンバーとなっている。この資料がどこから出たのか、調べたが不明であった。終戦直後、どこかの力が働いたのか、今でも研究できれば調査したいと考えている。

NPO法人の台頭と特定非営利活動促進法（NPO法）制定

一九九五年（平成七年）一月阪神淡路大震災が起こり、六二〇〇名以上の方が亡くなられた。この年、オウム事件が起こり、地下鉄などにサリンを無差別に散布し、多くの人々が殺されるという大事件も起きた。

阪神淡路大震災では、地震で家屋が倒壊、ガスも電気も壊滅状態の中、全国から一日二

*『公益法人大観』
岡潔、東京都団体調査会、1952年刊。

万人延べ一三〇万人というボランティアが手伝いにはせ参じ、自発的に寄せられた一七九〇億円を超える寄附金も当時としては大きな額であった。この年をボランティア元年とよんでいる。またこの大震災は、その後の制度改革にもつながる、民間非営利団体の制度改革の始まりとなった点は特筆すべきことである。というのもここで活躍したボランティア団体のほとんどが法人になっておらず、寄附金の免税団体にもなっていないことが、制度的欠陥であると指摘されたからである。契約主体や不動産の登記等に関して団体の法人化はどうしても必要なことである。政府は、ボランティア支援立法の検討を行うと発表し、市民の行う非営利活動をやりやすくするための制度改革の一環としてＮＰＯ（Nonprofit Organization）の活動を行う団体の基盤としての法人格を簡易に取得できるような法制度が議論されることになった。

一九九五年一月の阪神淡路大震災をきっかけに、政府は同年二月に一八省庁による「ボランティア問題に関する連絡会議」を設置し、経済企画庁を中心にＮＰＯ法案の策定に入った。政府は大震災以前から市民の行う非営利活動の重要性を認識し、そのための法制度・税制度の検討はすでにされてはいた。

私はこの時点で、初めて実際に法律を作る作業に関与した。議員と一緒にオブザーバーとして衆議院法制局に行き、議員が「〜のような形で法案を作ってほしい」という話をした。私としては「いっそのこと民法を改正して法人全体をカバーする法律はできないでしょうか」との私見を述べたが、法制局の担当官は、冷たく「議員の意見は聞きますが、一般人の意見では私どもは動きません」と言われてしまった。仕事に忠実だなと思った。法案としては、最初に、一九九五年一一月七日に新進党が、「市民公益活動を行う団体に対する法人格付与等に関する法律案」と税制改正法案を提出。与党三党（自民党、社民党、さきがけ）は、一九九六年一二月に一二分野に入る市民活動で営利を目的としない団体に簡易に法人格を付与する内容の「市民活動促進法案」を提出した。共産党も非営利法人法ともいえる「非営利団体に対する法人格付与に関する法律案」を提出し、設立したての民主党は、独自の法案ではなく与党三党案に対する修正案を出し、一九九七年五月衆議院内閣委員会でこれらの法案が議論されることとなった。その間市民団体と国会議員との間で何回も公聴会が開かれ、与党三党と民主党修正案の合体した「市民活動促進法案」に対し、市民団体の意見がかなり反映された。記憶が正しければ、市民活動に外国籍の人は入らないなどという与党三党に対して大きな反発もあって修正された。議員立法そのものがめずらしかった時代に、議員と市民団体との議論の結果、市民団体の意見も多く取り入れられ、あたかも市民参加の立法の様子を示したのは、大変珍しく、貴重なことである。この市民活動促進法案は衆議院を通過したが参議院では時間が不足し、継続審議となった。結果、一九九八年（平成一〇年）、第一四二回通常国会で、「市民活動促進法」の名称を「特定非営利活動促進法案」という名称に変更され、同年三月一七日参議院本会議を通過し、三月一九日衆議院本会議で異例の全会一致で可決・成立。同年三月二五日、「特定非営利活動促進法」は、平成一〇年法律第七号として公布、施行は一九九八年一二月一日となった。議員立法で全会一致の法案は本当に貴重である。議員と市民団体との合同公聴会では、各地域の市民団体が大勢集まり、国会の傍聴席も市民団体が鈴なりに参加していたが、公益法人の参加者が少なかったのは違和感があった。公益法人の許可が出される予定の法人からは、主務官庁から「まさかあなたの団体は、特定非営利活動促進法推進の公聴会等に出てはいないでしょうね。あなたたちの活動は、大震災の救援活動とは異なりますよ」とのご注意があったそうである。不思議な国だと思った。

「市民活動促進法」が「特定非営利活動促進法」となったいきさつはいろいろあるが、議員と一緒に法制局に行った折、「我が国の法律に市民活動（または市民）という名称を付したものがない。国民、県民、市民、町民…という概念はあるが、例えば地球市民という概念をどう定義するのか」と問われた。「市民を使った法律では「市民農園」というのはあるが…」。これには私もいっしょに行った市民グループの人も思わず椅子から転げ落ちそうになってしまった。これまでに市民や市民活動という概念を定義した法律を探すと確かにない。一つ見つけたが、英文の条約の翻訳で、その名称に市民とつけたものは確かにあったが、翻訳したものだけであった。

特定非営利活動促進法では、一二項目（当時、現在は二〇項目）の非営利活動を明記している。非営利活動は、複数あるが、そのうちの一二項目だけをターゲットとする。その意味で、特定非営利活動という名称になった。市民グループのメンバーの友人（松原明氏）は、今でもこの名称を「市民活動」に変えたいと望んでおり、通称（市民）としたいと頑張っている。NPOはもともと非営利団体のことであり、特定非営利活動促進法のみをNPO法人と呼ぶのも混乱を招いている。出来れば（特活）などという略称よりも（市民）の方が団体の特徴を表していると私も思う。

いわゆるNPO法人はすでに五万法人を超え、日本中のどこでも市民による様々な活動の主体として存在意義を有している。この法律を作る時、多くの市民団体が会合に集合し、侃々諤々の議論がなされ、国会の傍聴にも出席し、非常に熱くなったことを覚えている。その中心になった人に経団連一％クラブの会長若原泰之氏がいらっしゃった。

一九九八年（平成一〇年）一二月一五日に『NPO法コンメンタール』*を発行した。編者は、堀田力氏と雨宮で、共著者はこの法律の制定に非常に尽力した松原明氏（シーズ代表）、この法律制定に法律の顧問として関与された浅野晋氏（弁護士）、濱口博史氏（弁護

*『NPO法コンメンタール』
堀田力・雨宮孝子編、日本評論社、1998年刊。

士）である。通常、コンメンタールは、法律の制定に関与した法制局の専門家が、国会で質問された時の大臣のために想定問答集を作っておくもののようであるが、私たちは、市民が自主的に想定問答集を作り、回答を考えた。堀田先生には、私たちの法律顧問の役割を果たしていただいた。この本を作るのに、何時間も議論し、完成させたことは非常に苦しかったが、今では懐かしい。ただし、その後ＮＰＯ法はかなりの改正がされ、このコンメンタールを修正できないのが心残りである。

アメリカ六都市への調査とアメリカへの短期留学

ＮＰＯ法が成立した直後の一九九九年一月、アメリカ大使館の寛大な助成を受けた。通訳付きで三週間、米国のどの都市でもよいので六都市（ワシントンは必ず含める）でＮＰＯ税制等の調査をしてきて下さいというものでした。同行者は（社福）大阪ボランティア協会常務理事（当時）の早瀬昇氏、シーズ代表（当時）の松原明氏と私である。全員三週間も家を空けるのはとても無理なので、正月休暇を含めることにし、一月二日に出発した。まずワシントン、ニューヨーク、デモイン（アイオワ州）、ヒューストン（テキサス州）、サクラメント、ロスアンゼルス（どちらもカリフォルニア州）である。なぜアイオワ州のデモインに決めたのかといえば、三人でどこにいくかを決める会議をしたとき、地域としてアメリカの真ん中、あまり行ったことがない場所という実に単純な発想からであった。

私たちは、ワシントンにあるカウンシル・オン・ファウンデーションズの法律顧問、ニューヨーク大学大学院マーニー教授、アーサーアンダーセン会計事務所、若手弁護士の会、自然保護団体、サクラメントの税申告機関等を訪問し、アメリカの法制、税制、会計制度などの調査を行った。少し話はずれるが、朝日新聞のワシントン支局高成田亨氏と久しぶりにお会いして、ダンシングクラブに連れて行っていただいた。決して怪しげなところではなく、クラブとは蟹のことで茹でたカニを木槌でたたいて割って食べるという有名なレストランらしい。NPO法の成立過程で話は盛り上がった。

三週間の成果は、帰国後アメリカ大使館にもお話しした。途中このようなことは初めての経験だったが、デモインに到着したとき大雪のシカゴ経由だったためか、私の荷物が飛行場に到着しなかった。私の荷物のタグは、パスポートと同じ本名（雨宮ではなく時枝）になっていたためなかなか見つからなかった。飛行場に何度も掛け合ったが、その日は、結局荷物がなく、手荷物にあったわずかなもののみ。次の日、必要な衣料をデパートに買いに行った。この経験から、海外に旅行に行くときは手荷物に一～二日分の衣料を入れ、パスポートには、旧姓を併記するようにした。ついでながら私のカバンは次のヒューストンに移動する日に見つかった。デモインの飛行場で私のグリーンのカバンを見たときいろいろと問い合わせてくれ、最終的にはシカゴに探しに行こうかとまで言ってくれた同行者から歓声が上がり、私は思わず涙があふれた。

六市の非営利法人等を訪問し、アメリカのＮＰＯ税制―特にパブリック・サポート・テストと悪用防止の中間的制裁制度（Intermediate Sanction）については、もっと正確に学ばなければと思った。そこで知り合いのサンフランシスコ在住の弁護士（Mis. Betsy Buchalter Adler）がUC Berkeley のLaw School で非営利法人法と税制を教えていたので授業の受講をお願いした。Adler さんとは、共同代表のMr. Tom Silk と一緒に一九九五年九月に「アジア太平洋諸国一一か国のＮＰＯ、ＮＧＯの法制度の国際比較」研究を行い、私は日本の研究者として共同研究者山岡義典氏（当時日本ＮＰＯセンター常務理事、トヨタ財団顧問）と一緒にバンコックやマニラで研究発表し、その成果は、一九九八年一二月『Philanthropy and Law in Asia』としてアメリカの出版社Jossey-Bass Inc. から出版されたという経緯がある。米国の大学院は八月から始まるので、大学の夏休み（私が教鞭をとっていた大学の夏休みと残り二か月は後で補講を行うことを大学に約束して）を使ってUC Berkley のLaw School に短期留学することにした。通常の大学では、一定期間教鞭をとるとサバティカルと言って留学（又は研究休暇）が認められるのだが、私が就職していた厚木の松蔭女子短期大学

（現在は松蔭大学）では、その前年、初めてフランス語の先生がサバティカルをとって、フランスに一年留学した後、他の大学に転校したという経験があるため留学に好意的ではなかった。私は、夏休みと休講にした授業は補講を行うという約束で理事長兼学長を説得した。

ロースクールの授業は、予習が大変多く、教科書は分厚く、毎週、何件かの判例を読まなければならない。私は大学構内にあるインターナショナルハウスに宿泊することができ、勉強する時間はたっぷりあった。Adlerさんは、授業中、日本の非営利公益法人のことを説明してほしいと私に振るので、非常に緊張した。例えば「非営利」とはどういう意味ですか。資産の運用の方法に制限はあるか。公益法人の主務官庁による許可とはどういう意味ですか。でも若い学生と勉強するのは楽しく、空いている時間に原稿を書くこともできた。当時、原稿について私はまだワープロを使っていた。重いワープロを抱えていったので、早くにコンピュータに変えればよかったとつくづく思った。その成果は、「NPOの法と政策—米国税制のパブリック・サポート・テストと悪用防止の中間的制裁制度—」*を参照してほしい。

車がなかったので、大学の近くの本屋さんにしょっちゅう徒歩で出かけ、非営利法人に関する本を根こそぎ買ってきた。生涯で一番勉強したかもしれない。

＊雨宮孝子「NPOの法と政策」
『三田学会雑誌』92巻4号、慶應義塾経済学会、2000年1月刊、91頁以下。

帰国後、休んでいた授業の補講は大変だったが、役所の審議会を頼まれることも多く、毎日非常に忙しくなり、二〇〇四年四月には、明治学院大学大学院法務職研究科教授に転職した。これまで法律の専門分野の大学ではないところの専任だった私にとって、ようやく法律を専門に教えられることになり、大きく安堵した。ある日、前述した弁護士のTom Silkさんからお祝いの大きな花束がアメリカから届いたのには本当に感激した。早く法律専門の大学の専任になりたいとお話ししたのを覚えていて下さったのだ。

明治学院大学大学院教授から内閣府公益認定等委員会へ

二〇〇四年四月から新たに設立された法科大学院の社会貢献分野で、民法（総則、親族法・相続法）、NPOと法、信託法等を教えることとなった。明治学院大学の教育理念は、創設者のヘボン博士の言葉Do for Others（他者への貢献）である。私の専門領域と合致している。おまけにこの大学はボランティア活動が非常に盛んである。大学も学生も大変穏やかであたたかかった。授業の他にいくつかの国の委員や研究会に所属して相変わらず忙しい毎日を送っていた。総理府の役人とニュージーランド、オーストラリアの非営利法人・税制の調査も行った。明治学院大学に転任する直前に、二〇〇二年四月〜九月まで毎週一回参議院行政監視委員会調査室客員調査員として、「NPO法が改正されるかもしれない。参議院での調査室でもNPO法のことを詳しく（海外の制度も含めて）知っておかなければならないので、集中して勉強会をやってくれ」と言われ参議院の法律専門家に授業を行った。なかなかよくできる方ばかりで活気にあふれた勉強会だった。また二〇〇三年六月から二〇〇七年六月まで、内閣府独立行政法人評価委員会委員に就任し、北方領土問題対策協会、国民生活センター、国立公文書館等の財政の評価を行った。特に気になったのは、北方領土問題対策協会で、元住民に対する支援では、ビザなし訪問、元住民のお子さんに対する奨学金支給など政府のロシアに対する対応と元住民に対する支援に政治の問題が絡み民間人で判断してよいのかいつも気になっていた。元住民の有する土地の価格を元住民に支払うとその土地の所有権を放棄したことになる。かといって元住民の子弟の数も減少し、奨学金の支給の対象者がいなくなると他にどのような支援の方法があるか悩むところであった。もっとも評価委員は具体的な支援方法を考える仕事をするわけではないので気にすることではないかもしれないのだが。

二〇〇五年九月から二〇〇七年九月まで国民生活審議会総合企画部会NPO法人制度検討委員会委員長に就任した。さらに防衛省独立行政法人評価委員会委員として駐留軍等労働者労務管理機構のいわゆる「思いやり予算」の評価等を行った。というように行政の多くの委員会等に参加するうちに、二〇〇五年一二月から二〇〇六年六月まで、総務省「新たな制度における公益性認定等業務支援に関する調査研究会」の座長として、公益認定等委員会の枠組みを検討することになって、いよいよ、公益認定等委員会委員に就任する日が近づいてきた。

二〇〇七年四月一日から、日本で初めての民間人七名による公益認定等委員会が発足することになった。明治学院大学大学院法務職研究科長に非常勤の委員になる許可をいただきに伺った。京藤研究科長は、「月に一、二回が、まさか定期を購入して出かけるようにはならないでしょうね」と冗談交じりにお話をされた。

それが翌年、常勤で就任してほしいとの要請があり、四月からは無理なので、せめて前期の授業を終了させてからと言って、翌年九月末で、明治学院大学を退職し、一〇月一日から内閣府公益認定等委員会常勤委員に就職した。はじめて国家公務員になった。

内閣府公益認定等委員会での勤務と現在まで

新しい公益法人制度の目玉の一つが、公益性等を認定する民間人による機関である。私は、ここに一期から三期まで九年間勤務した。その間、旧公益法人制度発足前には、約二万四〇〇〇法人あった公益法人は、九〇〇〇法人が公益法人に移行し、残りの一万二〇〇〇法人が支出計画を出して一般法人に移行した。移行期間の五年間、二〇一一年（平成二三年）三月一一日の東日本大震災を経過し、対応にも様々なことがあったが残念ながら、国家公務員として仕事をした時の事情は話してはならないことになっている。毎年新しく一般法人から公益認定を受けて公益社団法人や公益財団法人になっているが、二〇二二年五月二七日現在で、公益社団法人四一七一件、公益財団法人五四八七件、合計九六五八法人。新たな公益法人制度ができてから約一四年。年間六〇～七〇法人しか増えていない。やはり、収支相償や遊休財産規制がネックになっているのであろう。この点に関しては、「新しい時代の公益法人制度の在り方に関する有識者会議」で二〇二二年一〇月五日から、経済財政策担当大臣の私的懇談会が法改正の可能性を含んで、二〇二二年中に方向性をまとめ、二〇二三年度に法改正も視野に入れて検討することになっている。座長は公益法人協会理事長雨宮孝子が引き受けている。この結果はどうなるかまだ不明である。私は、七〇歳を機会に二〇一六年四月に内閣府公益認定等委員会委員長代理を退職した。その後二〇一七年四月二九日、旭日中綬章を賜ることになった。勲章は首相官邸で、菅義偉官房長官（当時）から授与され、その後皇居に行き天皇陛下（当日陛下はご体調がすぐれず、皇太子殿下（現在の天皇陛下））のお言葉を賜ることになった。生まれて初めてのことであり、ほかの受章者は男性がほとんど。夫婦で呼ばれたので、私の配偶者もいっしょに礼服で参加した。なぜ選ばれたのかわからないが、公益認定等委員会委員長代理という職責だけでなく多くの国の委員会に在籍したからであろう。菅義偉官房長官のお話によると民間公益活動に尽くしたというような内容だった。二〇一七年六月からは、公益財団法人公益法人協会理事長として民間公益活動の促進を目指して勤務している。まだまだ修業中である。

私の修業時代 3

2023（令和5）年1月30日　初版1刷発行

編　者　公益財団法人　上廣倫理財団
発行者　鯉渕友南
発行所　株式会社　弘文堂　101-0062　東京都千代田区神田駿河台1の7
TEL 03(3294)4801　振替 00120-6-53909
https://www.koubundou.co.jp

装　丁　松村大輔
組　版　堀江制作
印　刷　大盛印刷
製　本　井上製本所

ISBN 978-4-335-16105-6